Ⓢ新潮新書

古野まほろ
FURUNO Mahoro

警察手帳

707

新潮社

序章——警察手帳と私

皆さんは、警察手帳《けいさつてちょう》を御覧《ごらん》になったことが、ありますか？

実は、私自身についていえば、これは「イエス」であり「ノー」です。

見たことはあるけれど、見たことはない——そんな、変な答えになってしまいます。

説明します。

私は、元警察官です。いわゆるキャリアの、いわゆる警察官僚でしたが、警察官には違いありません。だから職務上、当然、警察手帳を見たことがあります。装備品として貸与されるからです。

実際、警察官を拝命《はいめい》したとき——私の場合は「警察庁警察官」となったとき——警棒、手錠といった装備品とともに、現物を受けとりました。また、都道府県警察の現場に出たときは、例えば「埼玉県警察官」として、職務執行に使いました。
制服から始まって、装備品はすべて衝撃的で、思い出深いものですが、とりわけ警察手帳と拳銃には、「ああ、ほんとうに警察官になったんだ」と、何とも言えない感慨と緊張を覚えたものです。

交番などでの制服勤務のときは、左胸ポケットに紐でロックした上、手帳本体もその紐でグルグル巻きにして、間違っても（乱闘などになったとき）落とさないようにします。いわゆる刑事としての私服勤務のときは、スーツの、左内ポケットに入れました。ところが、当たり前といえば当たり前ですが、市販のスーツだと、制服と違ってロックする仕組みがありません。なので、スーツ内ポケットのボタン穴に紐を通したりして、自衛策をとりました。どのみち、しっかりした紐の収まりが悪いので、やっぱり手帳本体を、糸巻きのように縛ります。

では、それをどれだけ使ったか、というと――

まず、警察庁警察官としては、ほとんど使いませんでした。

使ったのは、学校で、警察官としての基礎を叩きこまれた際。死ぬほど「取り出し動作」を訓練したとき。遥《はる》かな昔の話ですが、これは今でも体が覚えています。

ただ、それだけです。

というのも、警察庁は中央省庁ですし、その警察官は、いわゆる官僚。管轄区域もなければ、職務執行も原則、できません。ですので例えば、警察庁の庁舎で殺人事件があれば（あったら大変ですが!!）それは、警視庁警察官が職務執行をして、解決するのです。極論、警察庁警察官は、落とし物を取り扱うことも、できません……すると、「警察官に与えられた権限を行使することがないので、警察官としての身分を市民に証明する必要もない」と、こういうことになる。すなわち、警察手帳を携行する必然性がない。実際、私には、警察庁勤務時代、手帳を貸与された記憶すらありません。すべて省庁の「職員証」で必要十分だからです。

しかし、都道府県の警察官としては、かなり使いました。

これも遥かな昔の話ですが、とりわけ警察署の刑事をやっていたとき。そして、警察本部の刑事をやっていたとき。先のように、スーツの左内ポケットに括《くく》りつけて、署からあるいは捜査本部から、営業に出ていったものです。

ここで、交番などの勤務だと、「制服そのものが証明」ですから、市民の方と話をするときも、手帳を使ったという記憶はありません。もちろん、職務質問も巡回連絡もしましたが、私についていえば、「手帳を見せろ!!」と求められたことは、一度もありません。

ところが、私服の、とりわけ刑事ともなると——まあ暴力団員と間違われることはあるかも知れませんが——パッと見で「あっ警察の人だ!!」と思ってくれる人は、いません(そりゃそうです、すぐ分かっちゃったら刑事の仕事ができないでしょう)。

ですので。

刑事として、例えば、ドロボウの被害に遭《あ》った方を訪問するとき。例えば、ケンカを目撃した方から調書を巻きにゆくとき。例えば、いわゆるガサでお邪魔するとき。例えば、もしかすると犯人かも知れない人から、しれっと話を訊きにゆくとき。例えば、指名手配犯の潜伏先・勤め先などを調べにゆくとき。例えば、部外の専門家・有識者からお知恵を拝借するとき。そしてもちろん、絨毯《じゅうたん》爆撃みたいに、いわゆる聞き込みをするとき――

要するに、私服で外回りの営業をするときは、必ず携帯していましたし、身分証としてかなり使いました。とりわけ、私が警察署・警察本部の刑事だった頃は――先ほどから「遥かな昔」「遥かな昔」と繰り返していますが――まあその、トボけた若僧・冴えない小僧っ子としか見えない年齢だったので、私についていえば、「まず警察手帳を見せた方が話が早い」という事情も、ありました。

例えば、とある捜査本部で「早稲田の中華料理屋ローラー」（まあ聞き込みです）をやったときのことですが、営業時間のクソ忙しいときは、さすがに訪問を遠慮しなきゃいけない。ところが昼営業が終わると、昼寝などで休憩される店主さんが多い。もちろん「準備中」の札が下がっている。そこへスーツの、革の鞄を持ったクソ若いのが――私と相方《あいかた》ですが――「こんにちはあ、ちょっとよろしいでしょうか？」などと営業スマイルで入ってくるとなると……ほぼ確実に「札が見えないのか!!」「今やってないよ!!」と怒鳴られますし、「銀行さんお断り!!」と言われたこともあります（実話）。軒数を重ねるとパターン化してきますので、ならこっちも、と、「いえ銀行さんではなくてですね、実は……」とドラマチックに（笑）警察手帳を出すと、まあ（外見とのギャップに）ビックリしていただけるし、少なくとも叩き出されることはなくなる。脅すとかプレッシャーをかけるとかでなく、コミュニケーションの入りとして、若い私をかなり助けてくれました。

そうした、「飛び込み型」の営業ではもちろん必携でしたが、いってみればアポのある、被害者さんとか御遺族とか、協力してくれる参考人の方にも、まず警察手帳をお見せし、安心感を持っていただくようにした記憶があります（これまた、私の外見がいかにも頼りなかったことが大きいのですが）。もちろん名刺もお渡しします。名刺は、市販の名刺入れも持っていましたが、警察手帳そのものの中に、5枚は入れておけというのが常識でした。

ここで、当時の警察手帳について、もう少し触れておきましょう。

チョコレート色革製、というのが法令上の決まりですが、記憶では真っ黒です。そして当時はまさに「手帳」。中高生の生徒手帳と一緒のノリです。すなわち、ちゃんと製本というか綴《と》じられていて、この本みたいに開きます。開いていないときの表紙は、金の代紋《だいもん》と都道府県警察の名前。開いて最初のページは、写真だの、割り印だの、所属だの、官職氏名だの。まさに身分証のコンテンツ。

もちろん手帳なので、綴じられた白紙のページがあります。綴じられた部分を「恒久《こうきゅう》用紙」といい、メモは書けますが、私は書きませんでしたし、書くなと言われていた気もします。何かを書くには、心理的な抵抗がありました。だから、手帳に「差し込める」形で、おそらく日めくり型に綴じられた――記憶が曖昧《あいまい》ですが――独立の「記載用紙」という紙束が用意されていた。書くならそっちにしろ、と言われていた気もします。ところが、その記載用紙にも、何かをメモした記憶がありません……。

大事なことを、しかも即座にメモするには、警察手帳というのは、あまり適していなかったから。革は硬いですし、出せば出すほど無くすリスクが増えますし、そもそも先述のとおり紐でグルグル巻きにしていますし、ぶっちゃけサイズが変に小さいので、ちびた鉛筆とかがないと、取り回しが悪かったのです。私は、仕事上必要なことは、市販のメモ帳に書き殴った上、内容を市販のノートに整理していました。このように、「メモとして記載する＝手帳として使う」という考えがそもそも無いので、例えば「埋まる」とか「交換してもらう」という考えも、浮かんだことすらありません。

「手帳」としては意味がないもの――これはおそらく、ほとんどの警察官が認識していたことではないでしょうか。それもあって、平成14年からは、手帳機能をなくした「新・警察手帳」「バッジ型警察手帳」に切り換わっています。すなわち、記載用紙どころか、恒久用紙すらなくなりました。これについては、後述します。

さて、警察手帳の変わった使い方としては――

今はもう滅多に行われないと思いますが、「黒パス乗車」なるものがありました。

私の経験では、電車に乗せてもらったことがあります。

遠い記憶ですが、おそらく2、3週間ほどずっと、どうしても「特定の時間帯、特定の路線、特定の駅」を使って電車で移動しなければならない、臨時の捜査があったとき。当時はSuicaなんて洒落《しゃれ》たものがなかった上（そもそも自動改札機もない所でした）、事情によっては往復したり途中下車したりあるいは乗り越ししたり、はたまた出たり入ったりも予想されたので、駅員さんの御協力を得て、そのミッションの間、警察手帳で改札を通してもらっていたのです。駅員さんと顔馴染みになって、「あっ今日もお疲れ様です!!」とビシッと敬礼されてしまうのは、「あっそれは捜査上マズいですバレちゃいます……」と冷や汗ものでしたが。ちなみに平成29年の今は、そんな使い方は、ないでしょう。

逆に、今でも理論的には考えられるけれど、私はやったことがないのは、警察手帳で有料の公共施設・娯楽施設などに入り、お金を払わないことです。

これはとりわけ、特定の人を追い掛けているときに（すごく緊急のときに）必要となる使い方ですし、それは法律上まったく問題ないのですが――例えば警職法《けいしょくほう》の要件を満たせば問題ない――私が人を追い掛けた際、そういう動きをされたことはありませんでした。もしそういう動きをされていたなら……「普通にお金を払って普通に入る」のと、「施設の人に警察官だとバレても急いで入る」のと、メリット／デメリットを天秤《てんびん》にかけて、警察手帳で入るべきだと判断できれば、きっと、入っていたと思います。

まあ、実際論としては、黒パスを出すのは目立ちますので（先の駅員さんの話ではありませんが、施設の人のリアクションもあります）、特に慎重さが求められるオペレーションでは、デメリットの方が大きいでしょう。

ちなみに、警察手帳には「警察官であることを証明する役割」しかありませんので、メンバーズカード、ポイントカードなどに付随する「優遇措置」「優待措置」「特典」のたぐいは、一切ありません。いま公務員の身分証に、そんなものがあったら大問題です。

さてこのように、私は警察手帳に触れ、それを使ってきました。

しかし冒頭、私は「見たことはあるけれど、見たことはない」とも言っています。

その説明をします。

平成14年、警察手帳は、私が拝命したときのものから、バッジ型に切り換わりました。身分証＋エンブレムの機能に、特化されたのです。また、構造上、「開かなければ使用できない」デザインにもなりました。

ここで、私が拝命したときのもの、私が刑事として使ったものは、表紙に金の代紋と都道府県警察名が入っていたので、表紙を開くことも、写真などを確認してもらうことも、あまりありませんでした（私の経験でも、「開いて見せろ‼」と求められたことは、一度もありません）。刑事ドラマでも、黒革の表紙をかざすだけ、というのが一般的でしたが、実際の運用も、ほんとにそうでした。

でも今は、表紙だけでは何も分からないので、パカリと開いてエンブレムなどを示さないと、そもそも何のグッズなのか、理解できない仕掛けになっています。これは、とりわけ平成10年代初頭の、数多くの警察不祥事を受けた、警察改革のひとつです。

――この時期、私は都道府県警察勤務でした。すなわち、現場にいました。

そして先述のとおり、警察庁の警察官ならともかく、現場の警察官なら、警察手帳を貸与され、それなりに使うはずです。

ですから、私も新・警察手帳をよく知っていないとおかしいのですが……

実は、使ったことがありません。これが「見たことはない」の意味です。


実はこの時期、私は所属長警視（警察本部の課長・署長など）になっていて、実働の刑事、実働の警察官ではなくなっていました。自分で営業に行く立場では、なくなった。

残念ながら、現場の刑事として外回りができる立場では、もう、なかった。

そしてまさか、制服警察官として、交番で勤務する機会もない。

様々な式典、行事、あるいは警備実施で制服を着ることはありますが、現場での職務執行をしませんので、（貸与はされており、保管庫に存在はしている）自分用の装備品を、使用することもありません。

そしてそれ以降、例えばフランスに派遣され、そのカルト対策法について調査研究をしたり、ストラスブール市警察本部でフランス国家警察警視としての経験を積んだり、あるいは警察庁で、特殊な法律のプロフェッショナルとしての評価を受けたり（弁護士先生、学者先生、時には議員先生からも御質問を頂戴します）、警察大学校の主任教授として、全国の警部・キャリアの後輩を前に教鞭《きょうべん》をとったりしましたが——

とうとう、新・警察手帳を使うことは、ありませんでした。

外回りの営業をしないので、当然といえば当然ですが、ふりかえると不思議なものです。

また、さっき「見たことはない」と言ったのには、もうひとつ意味があります。すなわち私は、「市民として警察手帳を見たことが、人生で一度もない」のです。私は少なからぬ歳月、警察に奉職《ほうしょく》していましたが、その警察官であった日々において、他の警察官から、警察手帳を示されたことがありません。すなわち、警察の聞き込みを受けたことも、刑事に呼び止められたこともない。そもそも、職務執行の対象になったことがない。職を辞してから3年になりますが、この3年間も、まったく同様です。

――私は、現役のときも今も、「平均的な市民」をやってきたつもりですので、これはおそらく、読者の方のほとんども、一緒なのではないかと思うのです。つまり、「警察手帳なんて見たことないよ」という市民が、圧倒的多数なんじゃないかな、と思うのです。

そこで、この『警察手帳』という本のイントロとして、「まったく知らないよ」「見たことないよ」という人を対象に、警察手帳について書いてみました。また、それをひとつのお題として、私の経験・経歴などを示すことにより、言ってみれば「著者の身分証明」「著書の品質証明」を、試みてみたつもりです。お題に対する書きぶりから、私が警察というカイシャについて語る資格があるかどうかを、判断していただきたいと思ったのです。

ですので、この本は、警察手帳について語る本ではありません。

読者の方がお知りになりたいであろう「警察のイロハ」「警察のツボ」を、警察署の視点・警察本部の視点・警察庁の視点、あるいは市民の視点から、お話しする本です。

警察手帳が警察官のシンボルであるように、『警察本のシンボル』を目指しつつ、目次のメニューに入ってゆきましょう。

警察手帳

目次

第1章　警察官への道

警察官になる!!

警察の財産は、ヒトです。

警察は営利を目的としてはいませんし、その大きなミッションは「個人の生命・身体・財産の保護」ですし、その具体的な仕事はすべて——それが被害者であれ被疑者であれ参考人であれ——市民とのコミュニケーションによって行われるからです。

例えば職務質問。例えば取調べ。例えば交通事故の処理。例えばテロ対策。例えば大震災への対応……警察官の仕事の本質は、「ヒトと接すること」に他なりません。

そして、ヒトとコミュニケーションができるのは、ヒトだけ。

ゆえに、警察の財産はヒトであり、警察職員そのものだといえます。

また警察官は、「個人の生命・身体・財産の保護」あるいは「公共の安全と秩序の維持」のため、時に怪我、時に不眠不休、時に命のリスクを覚悟して、職務を執行しなければなりません。さらに警察は、二四時間・三六五日営業の、治安関係総合商社でもあります。行政で、他にこんな役所・こんな窓口はありません。出前迅速《でまえじんそく》も必要不可欠です（パトカーが現場に臨場する平均所要時間は、約5分です）。

　そこには、「ヒトによるギリギリの判断」がある。

いえ、それだけではありません。まさに現場においては、無数の法令によって与えられた権限を、一つとして同じものがない事件事故ごと、適正に、確実に使ってゆかなければならない。躊躇《ちゅうちょ》していれば被害者が死に、モタモタしていれば犯人が逃げる。避難誘導を誤れば、多くの市民が津波に飲まれる——そんなことは日常茶飯事《にちじょうさはんじ》です。

　つまりそこにも、「ヒトによるギリギリの判断」がある。

　とすれば。

　警察の財産＝ヒトは、一定のクオリティを維持する必要があります。

　精鋭集団、エリート部隊である必要はありませんが、プロの職人集団である必要はある。その技能と練度《れんど》を、少なくとも維持してゆく必要がある。つねに「戦える集団」である必要がある。次の1分に何が起こるかは、誰にも分からないし、それが地下鉄における毒ガス散布や、大震災であってもおかしくはない——これは、自衛隊さんと同様、実力部隊の宿命ですし、実際「常在戦場《じょうざいせんじょう》」を座右《ざゆう》の銘《めい》としている警察官は、多いです。

つまり。

ここに、警察がリクルート、採用試験に躍起《やっき》になる理由があります。

警察唯一の財産であるヒトを、確保する。プロの職人集団であり続けるため、30年後、40年後の警察を支えてくれるヒトを、確保する。「原石」を確保する。そうしないと、いま働いている自分たちも損だし、そもそも市民のため戦える組織でいられないから——そうした意味で、警察ほど採用に熱意を傾ける組織も、めずらしいのではないでしょうか。

カンタンにいえば、優秀な志願兵の確保は、組織永遠の課題だということです。

さて、これを志願兵——というか受験者の視点から見ると。

警察官になる、ということは、当たり前ですが公務員になる、ということです。そしてどの公務員でもそうですが、公務員になるには、公務員試験を受け合格しなければなりません。警察官の場合は、警察官採用試験になります。

ここで、警察官には、「国の警察官」と「都道府県の警察官」がありますので、前者になりたいのであれば国家公務員試験を、後者になりたいのであれば地方公務員試験（のうち、各都道府県の行う、都道府県の警察官採用試験）を、受験することになるでしょう。

国の警察官、というのは、警察庁の警察官です。良くも悪くもシンボリックな例としては、警察キャリアが挙げられるでしょう。国の役人として、いってみれば、全国警察にとっての「陸軍省」「海軍省」で働く制服組——ということになります。これは制服組ですので、異動により、各都道府県警察の現場に出ます。そのときは、いってみれば「師団」「艦隊」で働くことになる。ちなみに自衛隊さんだと、防衛キャリアは制服組ではない事務官ですので、もちろん階級はなく、部隊で勤務することもありません。他方で警察だと、キャリアは階級を与えられ、前線にも出る制服組、ととらえることができるでしょう。

ただ、国の警察官は、圧倒的に少数派です。

そう、私たちが「警察官」としてイメージしているのは、都道府県の警察官。いわゆる「現場の警察官」です。そしてこの現場の警察官——すなわち交番・警察署・警察本部の警察官というのは、そのほとんどが、地方公務員。各都道府県が、それぞれ試験を行って、それぞれ採用している公務員です。これもイメージとしていえば（マニアックな議論は割愛します）、警察職員のトータルが約三〇万人、うち警察官が約二六万人、うち都道府県の警察官は約二五万八、〇〇〇人ですから——

実に、警察官の九九％以上が、都道府県の警察官ということになります。

実際論としても、「警察官になりたい!!」という若者は、それが刑事であれ交番のおまわりさんであれ、現場での職務執行をしたいと考えるでしょう。ならば、中央の「陸軍省」「海軍省」勤務よりは、現場の「師団」「艦隊」勤務を望むでしょう。そして、そのための試験を受験するでしょう。

警察は、都道府県ごと別会社ですから、採用も、会社ごと別々に行います。たとえば「東京で働きたい」「東京の警察官になりたい」と思えば、警視庁警察官の採用試験を受けることになり、「大阪で働きたい」「大阪の警察官になりたい」と思えば、大阪府警察官の採用試験を受けることになります。これは四十七都道府県、すべてについて一緒です。

そして採用試験は、地方公務員試験の一区分ですから、警察だからといって、特別の手続なり難しさなりが、あるわけではありません。

ましして警察は、先に述べたとおり、ヒトこそが財産だと考え、リクルートには格別の情熱をいだいています。よって、特に最近は、ネットでの告知が当然になっていますし、各都道府県警察の――すなわち各会社の――サイトでは、採用情報から出願手続に至るまで、警察としては異例なほどの、情報公開というか情報提供が行われています。スマホを数秒使えば誰でも、受験の段取りを知ることができるでしょう。

公務員試験はもともと無償ですが、今はネットで出願書類のダウンロード、果ては出願そのものができたりするほど便利です。手続的には、それこそ英検と変わりません。

また、異なる都道府県警察が連携して、一緒の機会に採用試験を開催したりして、例えば「警視庁も愛媛県警察も受けられる」「静岡県警察も北海道警察も受けられる」「秋田県警察も千葉県警察も受けられる」といった共同試験が行われることも、少なくありません。もちろん、普通の就職活動ですから、日程が重ならなければ、併願というか重複で受験もできます（国と地方も、併願できます）。

すなわち、ふるさとの警察を受験することも、大学で馴染《なじ》んだ地の警察を受験することも、あるいは、全くの新天地を求めて知らない都道府県の警察を受験することもできます。そのメリット／デメリットは、それこそ本人次第です。ただし、四十七都道府県警察は独立した別会社ですから、ひとたびＡ県警察に採用されれば、定年まで、そこで働くことになります（特殊なレンタル以外、他の都道府県に異動することは、ありえません）。

受験資格は、大雑把《おおざっぱ》にいって大卒／高卒に分かれ、三〇歳未満を要件とするところが一般です。

この学歴要件は、次の昇任試験を受けられるスピードに関連します。すなわち、大卒警察官の方が、次の「巡査部長試験」を、早く受けられます。これはドミノ的に、また制度上も、その後の昇任試験に影響します。

しかし、では高卒警察官が職歴上不利かというと、必ずしもそうではありません。

警察の仕事は、高校でも大学でも教わらなかったことばかりです。すなわち、高卒警察官でも大卒警察官でも、ほぼゼロからインストールされることばかり。ならば、スタートダッシュが早い方が、有利な面も多い。だから、次の試験までの待機期間のハンデを入れても、本人の頑張り次第では、大卒警察官をどんどん追い抜くことは、アタリマエなほど可能です。例えば、私を現場で支えてくれた女房役の大先輩も、五〇歳前で警視、筆頭課のナンバー2、将来の地元トップ当確——事実、そうなりました——という「エース」の方でしたが、高卒採用でした。

また、どこの学校で何をしたかも、ほとんど職業上、無意味です。理由は同じで、どこで何を学んでいても、警察の実務とは縁遠いから（ただし、特定の語学、ITスキル、会計スキルなどには、使い出があります）。ですから、〇〇大学が有利だ、××大学が不利だ、ということはありません。小規模県だと、事実上、地元大学の卒業生がやたらと多いなんて現象はありますが、それは都道府県警察が「地元密着型の企業」である以上、ノーマルといえばノーマル。まさか大学で選んでいるわけではありません。第一、学歴で、昇任試験・給与・人事管理・勤務管理といった公務員のシステムを、歪められるはずがない——そもそも警察で問われるのは、プロとしての技能ですから。学歴を云々《うんぬん》するほど、無意味なことはありません。戦争をしているときに、隣の兵士の出身大学を訊くほどバカで暇《ひま》なことはないでしょう。実はそれは、国の警察でもそうで、意外なことに、警察庁に学閥はありません。デキるかデキないか。ヒトの生死を仕事にしている組織では、それが最優先だからです。

さて、警察官採用試験の受験科目は――

一次試験はいわゆる択一式――警察用語でいうところのSA――が中心で、警察ならではの傾向はありますが、一般的な公務員試験の流儀にのっとっています。すなわち、書店さんで、幾らでも対策のための問題集を手に入れることができます。

あとは面接・作文・身体検査・体力検査ですが、筆記の試験をすべて一次試験に入れてしまう都道府県もあれば、面接・作文は二次試験にするところも、はたまた、体力検査を一次試験でやってしまうところもあり、このあたり、四十七の警察がそれぞれ別会社であることがよく現れています。そうした情報も、ネットでたやすく手に入ります。

特徴的なのは、身長・体重・視力などの「身体要件」と、体力検査で測定される「運動機能」でしょうか。といって、さほど厳しいものではありません。これも都道府県ごとに公表していますが、例えば男であれば身長一六〇㎝くらいとか、眼鏡を使って一・〇以上とか、そんな感じです。気になる体力検査も、科目はネットで見られます。「反復横跳び」「握力」「上体起こし」「腕立て伏せ」「20mシャトルラン」といったようなものについて、最低基準を満たすかどうか——それも、最低基準に達しないものが○つあると不合格、といった見方をするのが一般です。

警察は、実力部隊ですから、やはり職業上、それなりの体力は必要です。しかし、筋肉ムキムキの体育会系ばかりを求めているかというと、まさかそういうわけではない。先に、警察の仕事について「ギリギリの判断」という言葉を遣いましたが、その判断というのは、実は法令上の判断です。少なくとも、刑法・刑事訴訟法・警職法・道路交通法といったものを、職人としてインストールしておかないと——あるいはそれに耐える出荷時性能がないと——そちらの方が警察官としては致命的。ですので、警察官を志望するとき、あまり体力検査・運動機能を過度に意識することはありませんし、実は、体力なんてものは警察学校で幾らでも鍛えてくれます。体力検査というのは、「よほど適性がない者を、本人のために、確かめておく」程度の考え方でよいと思います。さらに実は、その「よほど適性がない者」でも、どうしても警察官になりたければ、国の警察官になるという手がありますー—そちらには、体力検査がありませんから。ちなみに、虚弱な私のことです。

警察官むきの人とは？

私は国の警察大学校にも勤務しましたが、府県に出たとき、それぞれの警察学校にも招かれ、よく講義をしました。また自分の預かった所属では、年齢が近いこともあり、若い警察官の意見をよく聞きました。あるいは昇任試験の面接官も、仕事のうちでした。

そうした経験を、踏まえますと。

警察官のマジョリティは、それは性格の良し悪しは当然ありますが、「悪を憎む」「正義を信じる」という公約数を持っています。アタリマエじゃないか、と思われるかも知れませんが、私は実体験からそのことを証言しているのです。それが建前とか謳《うた》い文句ではなく、無数の会話から抽出できる、典型的な「キャラ属性」であると証言しているのです。

犯罪を、許せないと思う。被害者を、気の毒だと思う。人の死を、悲しいと思う。困っている人を、救いたいと思う――

私が出会ってきた警察官は、日頃からそういう思考パターンをする人々でした。仕事ではもちろん、飲酒の席でも出張でも、たとえカラオケでもゴルフでも、そうでした。

それは、警察官になってから、組織の中で、後天的に強化されたキャラ属性なのかも知れません。しかし、そもそも採用の時点で、「悪い奴をなんとかしたい」「人の役に立ちたい」という動機がなければ、二四時間三六五日呼び出しの可能性がある、それでいて時間外手当は満額出ない、ましていきなり刺されたり撃たれたり撥《は》ねられたりする――殉職《じゅんしょく》の――リスクがあり、捜査本部が立ち上がれば3週間は泊まりっぱなし、大震災が発生すれば家族を見捨てて署に参集、みたいな職業は、選ばないでしょう。

これを、裏から言うと。

安定だけがモチベーション、給与だけが目的――という警察官に、私は出会ったことがありませんし、もしそういう警察官がいたとしても、定年まで勤め上げることは難しい、ということです。

具体的なエピソードを、挙げましょう。私の名前、愛称は、ペンネームに合わせます。まず、私が警察署の刑事だったとき。

係の一員として、傷害、強制わいせつ、脅迫、放火といった事件を、取り扱っていたときのことです。女性の先輩刑事に、いろいろと実務を教わりました。駆け出しでしたので、解らないことだらけです。だから、書類の書き方どころか書類の在処《ありか》まで、頻繁《ひんぱん》に質問して先輩の手を煩《わずら》わせていました。さすがに申し訳ない、恥ずかしいという気持ちもあり――というのも先輩は巡査で、私は警部補だったので――とても先輩が忙しそうだったある朝、思わず、枕詞《まくらことば》で「おはようございます。Sさん、こんなショボい傷害でいつまでも御面倒かけて、申し訳ありません」と言ってしまったのです。すると女性刑事は目の色を変えまして、ぶっちゃけ私を睨《にら》みまして、怒りが一周回って凍てついてしまった声で、こう言ったのです――「古野係長、事件にショボいもショボくないもありません」。係長にはショボい事件があるんですか。それを被害者の前で言うんですか……淡々と、ビシバシと、それはもう怒られまして。私はそのとき、自分がまだ警察官ではなかったことを、そしていちばんショボいのは自分だということを、痛感したものです。この女性刑事は、二五歳前後にして刑事課の期待の星でしたが、たちまち警察本部の捜査一課に引き抜かれ、栄転してゆきました。年齢からしてまだでしょうが、確実に女性署長になる人です。

次に、私が警察本部の刑事だったとき。

小さな署の管内で殺人事件があり、私もそちらに詰めることとなりました。被疑者はすぐ検挙されたので、大きな捜査本部にはなっていません。そして私の指導に当たっていた警部補が、取調べ官になりました。捜査一課の長い、大ベテランの刑事です。ちょっと経ったある日、勤務時間外。誰もいないはずの、資料室というか、倉庫みたいな所から人の気配がするので、ふと見にいったところ、机の谷間で、その調べ官が胡座《あぐら》をかき、日本酒の一升瓶《いっしょうびん》を手酌《てじゃく》で飲んでいるのです。しかも、かなり出来上がっている……私はビックリして、思わず自分もしゃがみこみまして、Y係長どうしたんですか、何かあったんですか、と訊きました。すると、「古サン、恥ずかしいよなあ」という。「野郎、落ちないんだよ」と。私はまたまたビックリしました。私も補助官として調べ室に入ることがありましたが、そして確かに被疑者は落ちていませんでしたが、Y係長の調べは自信満々、硬軟《こうなん》織り交ぜた絶妙なもので、なんというかその「指し筋」からして、私は王手間近、投了《とうりょう》間近だとばっかり思っていたのです。そしてその日まで、まさかY係長の弱音も愚痴《ぐち》も、いや渋面《じゅうめん》すら見たことはなかった。ところがY係長は、私がやがては国に帰ってゆく教え子ということもあって、教育をする気になったのでしょう。バッと頭に手をやると、髪を掻き上げました。するとそこには、硬貨大の脱毛症が……そして、べろべろのY係長は言うのです。「情けねえよなあ、俺は調べのたび、こんなの作っちまうんだよ」「野郎にとってみちゃあ、生きるか死ぬかの瀬戸際《せとぎわ》だしなあ」「でも調べ官を任されて落とせないってんじゃあ、一課出た方がいい、いや刑事辞めた方がいい」

「野郎の人生と、被害者の人生と、ぜんぶ調べ官にかかってる」「気の小せえ俺には、いっつも、重すぎるんだ、これ内緒だぜ？」「古サンはこれから、偉くなってく人だけど、現場の刑事が、朝から晩まで野郎と殺しと被害者のことばっか考えてのたうち回ってるって、ホラこのハゲ見てさ、覚えといてくれよな」と。これだけでドラマができそうですが、実話です（この本ではフィクションを用いません、念の為）。

最後に、私が警察本部の所属長だったとき。

事件捜査を持っていたという話はしましたが、事件係のキャップは、これまた大ベテランの警部でした。筋金入りの刑事です。実は検挙実績が低迷していたこともあり、刑事部門にお願いして、言葉は悪いですがスカウト／レンタルしてきた神様級のエースでした。その効果は抜群で、事件のジャンルは伏せなければなりませんが、「7年ぶりの○○事件」「5年ぶりの××事件」「初めての△△事件」などなどを、次々とまとめ上げてくれたのです（要はそれだけ、事件検挙から遠ざかっていた所属でした）。しかも、1つの捜本が終わればすぐ次。いえ、1つの捜本が立っているうちにもう次の事件チャートを作っている、という、事件の神様というか事件の鬼みたいなキャップでした。まあ毎朝顔を合わせ、2人で打ち合わせしたり検討したりしますので、ある朝ふと「Tさん、Tさんはどうしてそんなに事件ができるの？　捜査止めたら死んじゃうみたいな、その熱意はどこから来るの？」と、上司としてはバカなことを、訊いてしまったのです……するとT警部はニヤッと、不敵とも照れとも呆《あき》れともとれる笑いをし、こう言いました。「ワシこれしかできませんけん」「事件をやらん警察官は、警察官じゃないね」。またこうも続けました。「要は、やるかやらんか、それだけですわ」「能書きはええんです。悪い奴がおったら、懲らしめんといかん」「ワシああいう奴ら（手掛けてきた事件の被疑者）、絶対に許せんのです」「ほやけん、ワシにやれ、言うてください。とことんやりますけん」。余談ですが、最後にポツリと、ワシ古野課長のこと好きやけん、嫌ならやらんですわ――といってくれたのは、嬉しかったです。刑事は、くさい御世辞が大嫌いな人種なので。

このようなエピソードなら、枚挙《まいきょ》に遑《いとま》がありませんが、それだけで1冊の本になってしまいます。

ですから、まとめますと。

私の経験則として、警察官の――そのマジョリティの最大のモチベーションは、やはり「正義感」「勧善懲悪《かんぜんちょうあく》」「人助け」です。またこのことは、「そうした性格傾向があれば、それだけで警察官としての資質がある」と表現できるでしょう。

警察学校に入る

採用試験に合格しますと、警察官に任用される資格が得られます。

つまり採用試験の合格は、直ちに警察官になれることを意味しません。これは実は、どんな公務員でも一緒です。イメージとしては、公務員試験というのは、「公務員になる資格を得る」「公務員の採用リストに載る資格を得る」ための、期限つきの資格試験ととらえられるでしょう。その期限の中で、希望する役所にピックアップしてもらえれば、晴れて就職、というわけです。

とりわけ、国の警察官についてはこれが顕著《けんちょ》で、国家公務員試験に合格しても、それは期限つき任用資格をもらっただけ（のような）もの。ですから、改めて警察庁に就職活動をして、内定をもらわなければなりません（合格≠内定）。しかも、公務員試験の合格は、一般に通用する資格ではありませんし、すぐに消滅するモノですから、ぶっちゃけ第一関門以外の意味を持ちません。

しかし、都道府県の警察官の場合は、理屈は一緒でも、ほぼ「合格＝内定」となります。すなわち地方公務員試験（警察官採用試験）は第一関門にして最終関門、合格をすれば改めて就職活動などをする必要はありません。これは、四十七の都道府県警察がそれぞれ、あらかじめ自社の人員構成・人員変動を考慮して、その年の採用人員を割り出しているからです。都道府県の場合は、警察官に特化した採用試験をしますので、それができます。

まとめますと、都道府県の警察官採用試験に合格すれば、建前としては警察官になる資格が得られ、実態としてはまず、警察官になれます。

ですので、合格者は、例えば翌年の春など、しかるべきタイミングが来れば、「警視庁警察官」「福島県警察官」「香川県警察官」などに任じられ、公務員／警察官としての身分を与えられた上、最初の所属――警察学校に、入校することになります。警察学校というのは、ふつうの会社でいえば（実は警察の中でもそうなのですが）１つの「課」です。警察官が最初に勤務する課が、警察学校というわけです。

身分を与えられると、いわゆる公務員関係に入りますので、給与・身分保障などがスタートする代わりに、命令に服する義務、私生活の統制なども始まります。これは警察官に限りません。公務員は、私生活上の非行についても、懲戒《ちょうかい》処分を受けることになっているからです。ただし、もちろん警察官は「個人の生命・身体・財産の保護」「公共の安全と秩序の維持」をミッションとする存在ですから、他の公務員より厳しい統制がありますし、仮にそれが無かったとしても、市民・社会が強い統制を加えることになるでしょう。

さてその最初の課＝警察学校ですが、大卒採用と高卒採用で、入校の期間が違います。警察では、教育訓練のことを「教養《きょうよう》」というテクニカルタームで表現しますが、採用時の教養の長さは、学歴というか試験区分によって違います。これは、高校3年生・一八歳と大学4年生・二二歳などを比べれば、必然的なことです。また、学歴について説明したとおり、「採用時の教養がどちらだったか」ということも、警察官のその後の職歴にまったく影響しません。私も、例えば部下について、そんなことを確認したことがありません。

採用時の教養の期間は、大卒の場合は1年3か月。高卒の場合は、1年9か月です。

新人の研修期間としては、かなり長いですよね。といっても、これらの期間ずっと警察学校にこもりっきりで、えんえん同じ環境にいるわけではありません。

大卒のケースを例にとりますと、全期間1年3か月のうち、

1　最初の6か月は、警察学校での基礎的教養（初任教養）
2　次の3か月程度は、警察署での職場教養（職場実習）
3　次の2か月は、警察学校でのフィードバック教養（初任補修）
4　最後の4か月程度は、警察署でのOJT教養（実戦実習）

となっています。期間が異なりますが、この構成は、高卒のケースでも一緒です。これをイメージとして言いますと、まず半年、最初に配属された課で新人研修を受け、そのあと習ったことを現場で直に確認・体得し、また配属課にもどってきてメンテ・チューニングをし、いよいよホンモノの警察官として職務執行を――先輩と一緒にとか、こっそり見守られながらとかで――やってみる。そんな感じのプログラムになっています。

教養の科目というか内容は、これは学校ですのでやはりまず『座学《ざがく》』があります。憲法、行政法、刑法、刑事訴訟法といったものの基礎から、警察というカイシャの基礎、各部門の実務の基礎まで、まさに黒板（ホワイトボード）を前に、1クラス40人程度で、講義を受けます。この分野で最も厳しいのは、睡魔との戦いです。というのも、ここは警察学校ですから、次に述べるような、肉弾的な科目もたくさんあるので……

すなわち『座学』以外には、『術科《じゅつか》』『教練《きょうれん》』『各種訓練』『体育』などがある。

術科というのは、柔剣道、逮捕術、拳銃です。

柔剣道は、どちらかが必修。初期投資がやや少ない（防具がない）ということで、柔道を選ぶ人も多いですが――例えば私――人数調整が入ります。もちろん学校の科目ですから、成績がつけられますし、卒業までに初段をとるといったことが、卒業の要件にもなります。箸にも棒にもかからないのがいたりしますが――例えば私――とれるまで訓練してもらえるので（!!）肉体的にはともかく、職歴上の問題はありません。

逮捕術は、特に警棒を意識した制圧術とか、組み合ったときの体術とか、あるいはもっと実戦的に、刺股《さすまた》などの資器材を使った制圧術をやります。これは誰もが初心者ですし、今はかなりお約束武芸ではなくなってきたので、やり甲斐と意義はあります。自分の命に直結することですし。

拳銃については、説明を要しません。あえていえば、まず構造と整備方法などの座学から入り、実物を確認しながら、間違っても事故を起こさないよう各種の取扱いルールを徹底した上、いよいよ空砲から実射、という科目。最初はまったく当たりません。標的の円内に入れるところから始まります。やがてはスコアを狙う形になり、最終的には級位の認定があるほか、テストで一定の点数をゲットすることが、卒業の要件にもなります。あと、実は拳銃は、楽器に近いです。すなわち基礎体力と集中力と筋力は関係しますが、運動神経は関係しません。楽器なら音感、センスといったもの——拳銃なら拳銃感覚（?）がモノを言い、「何でコイツが?」といったトボけたタイプが天才的だったりして、「ゴルゴだ!!」とか言われたりします。私ではありません。ここまでが、『術科』と呼ばれるもの。

次に『教練』と呼ばれるものですが、これは、警察官として必要な動作を学ぶものです。

まずは気を付け。休め。右向け右。回れ右。クリアすれば前へ進め。全体止まれ。駆け足前へ進め。分かれ。集まれ——個人ワザから入り、分隊が作れるようにし、あるいは小隊が作れるようにし、部隊活動ができるようにし……と、チームワーク技に入ってゆきます。これは制服、装備品つきでやります。その装備品についても、点検、というセレモニーがあり、これはある種の「部隊査閲《さえつ》」なのですが、このセレモニーにおける約束動作、礼式《れいしき》どおりの動作を、学んでゆくこととなります（例えば、点検を受けるときの拳銃の取り出し方など）。警察は有事に即応する組織ですから、大震災、大規模テロの例を引くまでもなく、いつでも部隊活動ができるようにしておかなければなりません（だからこそ、混乱した現場ですぐ部隊が編成でき、指揮系統がハッキリするよう、「階級」があるのです）。また、一分一秒を争う現場、人命が懸かっている現場では、必ず「共通言語」「共通動作」が必要です。余計なコミュニケーションに割いている時間が、惜しいからです。そうした意味で、この教練には、セレモニー以上の意味があります。

最後に、各種訓練には、救急法、水難救助など様々なものがありますが――センセーショナルなのは、機動隊訓練でしょうか。フル装備をつけ、先の教練以上に、派手な部隊活動を訓練します。昔のジュラルミンの盾《たて》はそれは重く……催涙《さいるい》ガスの洗礼もなかなかに……

……学校について、もう少しホンネトークをしますと、まず警察は実力組織・実力部隊です。つまりいつでも戦える組織でなければならず、したがってその「ヒト」も、頼りになる戦力・戦友でなければなりません。まして、今世紀に入ってからは、我が国の世代構成からくる、いわゆる団塊《だんかい》の世代の「大量退職問題」が発生しました。シンプルに言うと、組織から異例な規模で、ゴッソリ人が抜けてゆくわけです。それは必然的に、「大量採用」をも意味しますね。戦力は補充しなければいけませんから。

そんなわけで。

警察はもともと、ヒトを確保すること、ヒトを育てることに――強迫的なまでの――情熱を持つ組織なのですが、これが大量退職・大量採用の時代において、ますます喫緊の、最重要課題となってきたわけです。もっといえば、「とにかく優秀な人材を、しかも大勢確保し、すぐさま一人前に育成しなければならない」という状況に、置かれてしまったわけです。

そこで、警察学校の位置付け、警察学校の教養というものも派手に見直され、大きく改革され、プログラムも精緻化《せいちか》され、要は「ますます気合いが入っている」状態にあります。いい若手がほしい、早く戦力になってほしい、将来の後継者になってほしい……これが今の警察組織のDNAには、強くインプリントされています。危機感、といってもいい。

その1つの現れが、警察が「実戦的教養」と呼ぶものの強化です。

すなわちシミュレーション。ロールプレイング。いわゆる見取《みと》り稽古《げいこ》。先輩とのマンツーマン同行指導。警察署でのＯＪＴを中心に、学校でもできるだけ具体的な現場を想定した、「やってみて、やらせてみせて、ほめてやる」教養が、数多く組まれることになりました。これは、よいことです。

というのも、古い時代の警察官には、ギルド意識・徒弟《とてい》意識が強くあり、「仕事は教わるもんじゃない、盗むものだ」という育成をしがちだったからです。「背中を見て育て」という感じでしょうか。でも、警察の実務というのは、例えば捜査書類の作成であっても、例えば職務質問のしかたであっても、本で覚えられる知識ではありません。自転車に乗る、水泳をするといったものに近い「技能」です。そんなものは、背中を何年見詰めていても体得できません。手本を見て、実際にチャレンジしてみて、フィードバックを受けながら磨いてゆくものです。ですので、学校での教養が、そうした「実戦的教養」中心主義になってきたのは、若手警察官にとってとてもよいことです。すなわち警察は、「星一徹《ほしいってつ》型」から「山本五十六《やまもといそろく》型」の教養にシフトしています。

ただ、そうはいっても——

警察学校の大きな本質は、やはり、通過儀礼です。

シャバっ気を抜く、という表現がありますが、より正確に言えば、「社会人としての自覚を持たせる」「組織人としての自覚を持たせる」「公務員としての自覚を持たせる」ということ。それが警察官の場合、まさに自分の命に直結しますから、組織のためにも本人のためにも、通過儀礼が他の公務員より厳しいものとなる。それは、必然的です。だから採用時教養の期間はとても長く、したがってカリキュラムも多く、しかも、全寮制をとっています。外出は許可制で、入校当初しばらくは許可されません。

――警察は、非常に興味をもたれているわりには、実態のよく知られていない部分社会。警察官になりたいという真摯《しんし》な熱意をもっている若者が、その部分社会のカルチャーを熟知しているはずがありませんし、むしろ「想像もしていなかった」文化に出くわすことの方が、多いはずです。

そんなとき、それを知りながらヌルい教養をして、短期的な恩情をかけて、学校を卒業させたとしても、それは本人のその後の人生に、断じてプラスにはなりません。

学校は「箱庭」ですから、しきたり・お約束としてのカルチャーが、むしろ凝縮された形で強いられますが、卒業して現場に出れば、その強制力は弱まるとしても、それは

「常識／マナー」として、自発的に、自分で考えて、実践してゆかなければならないものとなる。分かりやすく言えば、カルチャー違反は、警察学校では怒鳴られ、叱られ、走らされて矯正《きょうせい》されますが――つまり常に教育の機会が与えられますが――現場に出たら、もうどこにも、怒鳴ってくれる教官はいません。そして、カルチャー違反を繰り返すとなれば、「警察一家」の中では、やがて居場所を無くすでしょう。チームプレイのできない奴として、無視されてゆくからです。

結論として、部分社会のカルチャーに馴染《なじ》めない若者は、三〇歳いや二五歳を待たずして、辞職することになる。その後の人生を考えると、また最近の経済情勢を考えると、残酷なことです。つまり、「知っていたら入らなかった」「ついてゆけない」という若者に短期的な恩情をかけることは、長期的な不幸を強いることなのです。ですので、実態論としては、まず入校前に――すなわち職歴に「公務員」が入ってしまう前に――適性を識別する試みが、例えば教練のカンタンな課題を課すなどにより、なされることもあります。

また学校においても、様々な、カリキュラム以外のタスク／ルールが課せられます。

それは、制服にアイロンを掛けることであったり、ボタンを縫いつけることであったり、靴をピカピカに磨いておくことであったり、寮室を徹底して掃除しておくことであったり、決められた形でベッドメイクを終えておくことであったり、学内でのドレスコードを知ることであったり（私服は基本ジャージのみ）、大きな声で挨拶をすることであったり、上官と遭遇したとき触れれば切れるような敬礼を先にすることであったり、室内の礼を正しい角度ですることであったり、部外講師にお茶を淹れることであったり、確実に一定時刻までに授業に関する連絡を聞きにゆくことであったり、教場をルールどおり整えておくことであったり、チームでレポートを仕上げることであったり——あるいは、冗談のようですが、廊下の曲がり方、いえ歩く姿勢、制帽の被《かぶ》り方に至るまでルールがあります。

ここで、入校当初は外出・外泊が禁止されますので、閉鎖空間の中で、まさにカルチャーショックを受けることになる。どう考えても、ルールの1つ1つは理不尽で、くだらないことなので。そして入校中でも、どうしても馴染めないとなれば、数多《あまた》の面接などで、人生にとっていちばんよい選択を、教官と考えてゆくことになるでしょう。

しかし。

やはり通過儀礼は、意味があるから通過儀礼だし、意味があるから、平成29年の今も続いているのです。その意味が、解ること。これが先に述べた「正義感」「勧善懲悪」「人助け」の次に、警察官にとって大事な資質といえるでしょう。

例えば。

現場に出たとき。制服もワイシャツも、アイロンが掛かっておらず、ヨレヨレだったとします。それで職務質問をすれば、対象に舐められ、仕事になりません。また身嗜《みだしな》みに意識が行っていないということは、装備品の管理もいい加減、ということです。靴をキチンと磨かない警察官は、かなりの高確率で、警察手帳を無くす警察官。すなわち本人の破滅ですし、納税者と社会にとってリスキーです。ベッドメイクがきちんとできない警察官についても、まったく同じことが言えます。

また例えば。

キチンと授業に関する指示を、定時に、確実に聞いておくことは、「あらかじめ準備する」「現場でまごつかない」「段取りミスを無くす」という、社会人の基本につながります。また、部外講師の先生に麦茶を出すか緑茶を出すか、案内の動線はどうするのかといったシミュレーションは、クライアント対応の基本。さらに、教場のホワイトボードがキレイに整っていなければ、講師は不快になり、真摯《しんし》な講義をしようとは思わないでしょう。それは、教養を受ける側の大損であり、ひいては納税者の損です。

さらに例えば。

学校には学級があり、班があります。この班で1つのレポートを発表するとき。当然、課題は人数割りで分担されるでしょう。そこで誰か1人がサボって適当な準備しかしなければ、班の発表は失敗し、学級の全員が、必要な知識を得られない。レポートを1つまとめるにしても、課題の分析、任務分担、タスク処理、検討・打ち合わせ、プレゼンといった、ビジネススキルの基本につながってきます。

これらを要するに――

警察学校での、形から入る通過儀礼によって、「事態の想像力」「ヒトへの共感力」「先へ先へと気配りする、気働き」が、第二の本能として、内在化されてゆく。思考パターン・行動パターンが、自然とそうなる。

それは、繰り返しますが、社会人の基本でもありますよね。

警察学校は、いささか特殊かつ長期なかたちで、それを教えこんでくれる所です。しかも、任用さえされれば「公務員」ですから、いってみれば社会人の基本を、お金を払うどころか給与をもらいながら、教えてくれる。1年以上、教えてくれる。

映画の士官学校モノみたいなノリで、つらいことはもちろんありますが、新人教育の水準についていえば、警察は、日本トップクラスだと思います。

そして、実は形式にいちばん厳しいのが警察学校で、現場に出れば、それほど「形」も厳しくなくなる——要所要所を押さえていればよく、学校みたいなカクカクした感じは微塵《みじん》もなくなる——ということは、指摘しておきたいと思います。これから警察官を目指す方が、変に恐がるといけませんし、恐がるほどのことは実際、ありませんので。

警察官の人生、警察官のキャリアプラン

警察学校を卒業すれば、いよいよ現場です。実働の警察官です。

もちろん、任用され公務員になった時点で「警視庁巡査」「北海道巡査」「○○府巡査」「○○県巡査」ではありますが……しかし警察学校の巡査は基本、職務執行をしませんので（そりゃそうです、させられません）、まさに警察官として、巡査として職務

執行をするのは、警察署に正式に配置されたときとなります。

先に、警察学校も1つの課だといいましたが、これすなわち、「警察学校という課」から「警察署という課」へ、人事異動をすることになります。人事異動ですから、ボスは、警察学校長から、警察署長に変わることになります。

その警察署長＝オヤジの下で、署のいちばん新しい子供として、迎えられることになる。そして最初は、警察署の出張所である「交番」に配置され、いわゆる交番のおまわりさんとして、勤務をします。最初から刑事とか、最初からその他の私服警察官とか、あるいは最初から警察本部勤務とかいったことは、ありえません。警察の基本、イロハのイは、交番勤務だからです。

さて正式に、どこそこ交番の勤務員として配置されますと、もちろん実働員ですから、その道ウン十年のベテランと、一緒の仕事をすることになります。業務管理・実績管理も、一緒の形で行われます。そもそも交番のおまわりさんというのは、1人1人がそれぞれ自分の縄張り――「受持区」――を委ねられ、そこに対する地域責任を持つ、治安のプロという位置付けですから（理論的には）。

もちろん駆け出し巡査と、例えば五九歳の警部補とでは、知識もスキルも経験も違いますから、最初のうちは、若い巡査部長などに指導者となってもらい、実務をこなしながら、経験値を上げてゆくことになる。具体的には、三交替制の勤務、すなわち当番―非番―指定休をこなしつつ（警視庁は四交替制）、制服で、立番、パトロール、巡回連絡、交通取締り、拾得物の取扱い、被害届の受理、事件の初動措置などに当たります。交番は、警察の業務の基礎的・初動的な部分を「すべて」引き受けるところですから、警察学校と並んで、「交番は警察の学校」と表現されることもあります。


さて、その後のキャリアプランは――

「階級」と「専務《せんむ》」の2つの観点から、説明することができます。


まず解りやすいのは、「階級」です。

今更ですが、警察官には階級があります。①巡査、②巡査部長、③警部補、④警部、⑤警視、⑥警視正、⑦警視長、⑧警視監、⑨警視総監の9つです。

この階級は、いわゆる職制《しょくせい》と連動しています。すなわち、他の企業・官庁にもある「係長」「課長」といった職制と、一体のものです。例えば、巡査は必然的に「係員」。

巡査部長は「主任」。警部補は「係長」といった具合に（日本最大規模の警視庁には、また違ったルールがありますが）。裏から言えば、係長である巡査というのは、存在しません。

ですので、例えば「主任になる」ためには、これと連動している「巡査部長」にならなければなりません。つまり階級を上げなければ、出世はありません。そして階級を上げるためには、昇任試験に合格しなければなりません。スタートの巡査には、もちろん試験はありませんが（それは採用試験です）、②〜⑤までには、すべて昇任試験があります。

昇任試験は、警察でいうSA（択一）、記述式、面接、教練等により行われます。科目は憲法、行政法、刑法、刑事訴訟法……といった法学に、生活安全、刑事、交通、警備、総務、警務《けいむ》といった専門分野の実務。ここで、そもそもSAは機械的に採点されますし、記述式の答案も、そこは役所のすること、5点単位あるいは3点単位で、極めて精緻《せいち》な、そこまでやるかというくらいの、厳密な採点基準が作成されます（もちろん答案は無記名で、ランダムな記載番号と警察官本人のリンクは、採点者にはできないようになっています）。面接も、管理職がズラリと並んで行うので、誰か1人2人が手心を加えても意味がありません。要するに、警察の昇任試験というのは、私が思うに、この世で最もフェアな試験の１つです。合格するしないは、ほぼすべて、受験者の努力と意欲に懸かっています（ほぼすべて、といったのは、実績、表彰歴その他の、試験外の加点要素も若干、あるからです）。

したがって、警察官は、日々の実務に励むかたわら、プライベートの時間に参考書・問題集をコツコツ解き続け、次の階級への昇任試験に、臨《のぞ》むことになります。

もちろん、受験する義務はありません。生涯巡査、ということも可能です（その場合、一定の年季を積むか、一定の仕事をこなせば、「巡査長」という称号を与えられ、階級章も変わります。けれど、巡査長は階級ではありませんので、正式には「巡査長巡査」という巡査になります。舌を噛《か》みそうな、不思議な制度ですね）。

そう、受験する義務はありませんが、しかし……

まず実利的なことを言えば、警察官の給与は、「給料表」によって機械的に定められているところ（公開されています）、階級を上げなければ、より上のランクにスライドしません。スライドしなくても、年功により給与は上がりますが、いってみれば同じ階段を上り続けるだけ。でも給料表のランクを上にスライドさせれば、上層階の階段に移行することができます。つまり、昇任には給与面でのメリットがある。

次に、実務的なことを言えば、やはり巡査と巡査部長、巡査部長と警部補、警部補と警部……では、できることが違います。ものすごくシンプルにいえば、階級が上がれば上がるほど、組織の意思決定に参加することができ、したがって、「自分のやりたい仕事ができる」「自分のやりたいように仕事ができる」ようになる。これは、どの組織でも変わらないでしょうが。しかしここで、先に述べたとおり、警察官のマジョリティのモチベーションは、「正義感」です。すると、限られたリソースの中で（予算・定員）、「どの正義から実現してゆくか？」「どのように実現してゆくか？」は、とても重要です――警察官が一〇〇人いれば、一〇〇通りの正義の考え方が、あるでしょうから。ここで、階級が上であればあるほど、「自分の考える正義」を、実現するチャンスが増えます。組織の意思決定に関与して、組織の動きに影響を与えることができますから。つまり、昇任には実務面でのメリットがある。

また、心理的な問題もあります。昇任試験は徹底してフェアですから、昇任しないことすなわち「上の階級に必要な素養が足りない」か、「上の階級に行く意欲がない」かです。実力主義ですから、追い越しも追い越されも日常茶飯事。今の上司は交番時代の部下――なんてことはめずらしくもありません。すると、例えば生涯巡査をつらぬくとすれば、極論、一〇歳も一五歳も年下の課長に怒られるとか、同期会をやると同期は役員（警視正）だったり署長だったりとか、まあ実力主義だから当然なのですが、なかなかシビアな局面もある。そうすると、人間ですから、勤務意欲にかかわってきますよね。つまり、昇任しないでいることには、それなりのデメリットがある。

ですので、大抵の巡査は、まず巡査部長試験の合格を期することになります。そのために頑張り、受験ができない期間が明けたら、チャレンジする（昇任試験は、1つ上の階級への適性を見るものですから、例えば巡査になりたての年に、すぐ受験させるのはおかしいですよね。もっと実務経験を積まなければ、巡査部長への適性は、備わらないはずなので。そうした観点から、ある階級を与えられてから一定の期間は、いってみれば修行期間として、次の昇任試験を受けることができません）。

ここで前述のとおり、警察は、リクルートに激しい熱意を示す組織ですので、とりわけ最近は、キャリアパスに関する情報提供も、進んでいます。まあ、採用に関する広報ですから、「派手すぎないけど理想的なケース」が使われることは、否めませんが……それらによれば、三〇歳前後で巡査部長になるのが、標準的とされています。そこからはモデルケースにもバラつきが出ます。三〇歳代半ばから後半で警部補、四〇歳代半ばから後半で警部、といった具合ですが、そこはもう千差万別。統計的な平均は知りませんし、取っても意味がありません。三五歳の警部というのも、「あっ速い!!」とは思いますが数はいますし、五八歳の巡査長というのも「何かあったのかなあ」とは思いますが、アリです。

——そんなこんなで、巡査部長試験に受かりますと、係員から主任になる。職が変わりますので、人事異動があります。また警察はヒトの教養が大好きなので、ここでも学校教養があります。巡査部長に必要な教養を、また警察学校に入校させて行うのです。この「昇任異動」と「入校」は、警部補についても警部についても同様です。

しかし警視試験ともなると、ペーパーテストはないか、あっても論文（「管理論文」とかいいます）のはずで、人物選考です。先に、巡査は「係員」で、階級と職制はリンクしているといいましたが、警視は「課長」「署長」クラス。さすがにここまでくると、管理職としての適性を判断するのが最優先……という感じなのです。ゆえにもちろん、「部長」「大規模署長」クラスの警視正については、試験がありません。

都道府県の警察官は、役員たる警視正になれば、位人臣《くらいじんしん》を極めたことになります。いわゆる「同期のエース」という人々ですね。都道府県によって違いますが、両手で（あるいは片手で）数えられる程度のイスしかありません。さらにその中で、功成り名を遂げると、名誉として警視長に任ぜられる。地元筆頭・総務部長とか――

これが、階級から見た警察官のキャリアパスです。

警察官のキャリアパスは、もうひとつ、「専務《せんむ》」という観点から見ることもできます。「交番は警察の学校」という言葉を紹介しましたね。でも、職場は学校だけで構成されているわけではありません。当然、学校以外のセクションがある。それが「専務」です。

専務、というのは、普通の日本語にすれば「専門」「部門」「専門分野」でしょうか。

警察には、大まかに言って①総警務《そうけいむ》、②生活安全、③刑事、④交通、⑤警備、⑥情報通信――の、6の専門分野があります。①は管理部門、②～⑥が現業部門ですが、都道府県の警察官についていえば、②～⑤のことを「専務」と呼ぶのが普通です。

すなわち、「専務」は、警察のミッションを、さらに専門ごと、タテワリにしたもの。例えば犯罪の予防は②、刑法犯の取締りは③といったように、警察の具体的な仕事は、必ずどこかの専務が受け持っています。

そして、警察官は、先に述べたとおり、まず必ず、交番のおまわりさんになります。スタートは交番です。そこから階級を上げてゆく、というのがさっきの話でした。しかし階級以外にも、交番から「専務に入る」ということが、キャリアパスにおいては、極めて重要になっています。

もう少し、具体的に説明してゆきましょう。

交番は、警察の学校です。警察のミッションのうち、基礎的・初動的なものを、すべて請け負います。交番はそのための出城《でじろ》です。では、「基礎的・初動的なもの」以外は、どこが請け負うのでしょうか?

それが、専務です。

交番は、出張所・出城として、ミッションすべての最初の部分を処理する。だから、交番のおまわりさんは、ジェネラリストです。何でもできなければいけませんが、専門家である必要はありません。

専務は、スペシャリスト集団です。交番が初動を終えたら、いよいよ本格的に乗り出してくる、それが専務です。ドラマ・映画で刑事を描くものは枚挙に遑《いとま》がありませんが、あれは実は、「刑事」という専務の活動を描いているのです。あるいは、交通警察24時みたいな特番で、白バイ隊員等が採り上げられることがありますが、あれは「交通」という専務になる。ここから解るとおり、私服＝専務、というわけではありません（例えば機動隊も専務）。交番のおまわりさん以外の、警察署・警察本部で勤務する専門家集団が「専務」です。

すると。

ある若者が、「刑事になりたい!!」と熱い思いをいだいて、警察官になったとする。もちろん、最初に配置されるのは絶対に交番ですから、そのままでは永遠に夢は実現しません。ではどうしたら刑事になれるか？　これは実は、「交番の警察官は、どうしたら専務に入れるか？」という問いと同じですが、解答は「専務員試験に合格して、専務に登用してもらう」となります。

また試験です。警察はほんとうに、ヒトの教養・試験に熱心なのです……

この専務員試験は、先の昇任試験とは、まったく別です。専務に認めてもらい、ギルドに入れてもらうための試験ですから、むしろ採用試験といえるでしょう。そしてこの例の場合、「刑事になりたい!!」のですから、「刑事部門」の専務員試験に合格する必要があります。試験方法は、これはもう様々ですが、私が関与した例では、やはりＳＡでの客観試験と、面接でした。おそらくこの例の子だと、刑事法・刑事実務について必死に勉強して、刑事部門の警視たちの口頭試問を受け、受かれば登用リストに載り、ポストが空き次第、刑事部門に入る——刑事になる。こういうことになります。交番を卒業し、警察署の私服勤務の捜査員となるわけです。

もちろん、例えば「サイバー犯罪を捜査したい!!」なら生安、「白バイに乗りたい!!」なら交通、「テロ対策をやってみたい!!」なら警備を、それぞれ受験することになる。

専務員試験を受ける資格、というのは、昇任試験ほどハッキリしてはいません。しかし、そもそも刑事なら刑事、生安なら生安のギルドに顔も知られていなければ、まず採用してもらえません。だから、野心があるのであれば、もう交番勤務の早いうちから、自分が入りたい専務にアピールする仕事をし、その専務に目を掛けてもらえるような実績を上げる必要があります。すなわち出城で、刑事になりたいなら刑法犯検挙を頑張り、捜査手続に強いことをアピールし、署の刑事部屋にも足繁《あししげ》く通って、「あっ、コイツはやる気があるな」「うん、コイツはギルドに欲しい人材だな」と、署の刑事たちに認知してもらう必要があります（あまりに優秀であれば、逆に、ギルドからスカウトの声が掛かることもあります。どの専務も、優秀な後継者の確保に鵜《う》の目鷹《たか》の目だからです）。

ちなみに、アピールするにしろ、スカウトされるにしろ、登用の事情は、生安でも交通でも警備でも一緒です。

さて。

この「専務入り」が、キャリアパスとどう関係してくるのか？

ここで、いま言った「どの専務も、優秀な後継者の確保に鵜の目鷹の目」という問題が出てきます。それはそうです。ギルド・専門家集団ですから、その能力を維持・向上させてゆくためには、警察官の中でも、とりわけ優秀な人材を入れてゆかなければならないし、本能的にそう考える傾向があるからです。

そして実際、優秀な人材は、若くしてどんどん専務に登用され、スペシャリストとしてのキャリアを、確実に積み上げてゆきます。そして、高度な専門家になれるということは、組織の中で重要な存在になれるということ——

もっと生臭い話をすれば、警察の管理部門（すなわち「総警務」部門）のポストは、まさか交番のおまわりさんには用意されません。ヒト・モノ・カネ・権限の要である総警務部門のポストは、ギルドの、時に特定のギルドの指定ポストです。例えば会計課長は刑事からとか、人事調査官は警備からとか、警務課次席は生安からとか……

これを、裏から言えば。

「ずっと交番のおまわりさん」「ずっと出城の制服警察官」「ずっとジェネラリスト」「ずっと初動担当」という人材は、警察の中では、ちょっと悲しい見方をされがちです……

ここで、実は私の専務は生安・警備でしたが、交番管理部門も経験させていただいたので、私自身はそういう交番差別、おまわりさん差別を、誤ったものだと考えています。警察内の、なんというか、交番を見下したような文化は――昭和の昔からある「ガイキン差別」と呼ばれるものですが――間違っていると思います。

しかし……

ドラマ・映画の描写だって、あからさまに差別的ですよね。交番のおまわりさんは、決まって殺人事件の現場保存とか交通整理。私服の刑事がズカズカッと臨場すると、「ハッ、御苦労様ですッ!!」とかいって直立不動の敬礼をする。変なところを触ってしまって怒鳴られる。あるいは雑用をするために顎《あご》で使われる。

現実は、そこまでひどくありませんし、警察考証としても間違いだらけですが、少なくとも刑事の無意識の蔑視《べっし》は、当たらずといえども遠からず、です。

これを、まとめますと。

専務入りしないことは、「組織の中で重要視されるチャンス」を逃しかねない。そうした文化が、警察の現場にはある。だから、警察官のキャリアパスにおいて、専務に入るかどうか、あるいはどの専務に入るかは、とても重要なのです。

なお、ひとたび特定の専務に登用されますと、時々思い出したように交番に異動になるほかは、見切りをつけられるまで（定年が近い、大きな失敗をしたなど）、ずっとその専務の中で勤務し、専務の中で異動します。ギルド内の人事は、ギルドの自治に委ねられる部分が、とても大きいからです。

これが、「刑事一家」「公安のヴェール」につながってゆく……。

それだけ、専門家集団の誇りと影響力は、強いのです。

第2章　刑事の生きざま

警察といえば、誰もが犯罪捜査を思い浮かべます。犯罪捜査といえば、誰もが私服の捜査員を思い浮かべます。その意味で、犯罪捜査と捜査員は、あるいは「刑事」「デカさん」は、警察を代表・象徴するものといえるでしょう。

そもそも「刑事」とは？

警察で「刑事」といったとき、それは2つの意味のどちらかです。

刑事とは第一に、専門分野の名前のこと。すなわち仕事のジャンル名であり、組織の中のセクションの名前であり、要は第1章でみた「専務」の1つのことです。

再度、説明しますと――

警察には、6の専門分野がありましたね。すなわち総警務、生活安全、刑事、交通、警備、情報通信の6部門です。これは民間企業でいう総務、営業、製造、監査……といったセクション名と、まったく同様の切り分け方。すなわち、警察のミッションを、タテワリに分担させたものです。

その専門分野・部門の1つが「刑事」。

したがって、警察署にも、警察本部にも、あるいは警察庁にも、刑事部門があります。警察署なら署長の下に「刑事課」あるいは「刑事第一課」「刑事第二課」……というものがあり、警察本部なら刑事部という部門の中に「捜査第一課」「捜査第二課」……というものがある。もちろん警察庁にも、刑事局という部門の中に「捜査第一課」「捜査第二課」といったものがあります。

また第二に、刑事とは、捜査員のこと。すなわち犯罪捜査をするヒトのことであり、犯罪捜査をするセクションに属するヒトであり、要はいわゆる「デカさん」。これは、あまり説明を要しないと思います。

ちなみに「デカ」という符牒《ふちょう》ですが、平成29年現在、どうなっているかは分からないながら、私の体感的な感覚でいえば、警察官が遣っても違和感のない用語です。少なくとも、「ホシ」「ガイシャ」などよりは遣います（これらはまず遣いません。遣われたら、ニセ警察官であることを疑うレベルです）。ただし、「デカ」を裸で遣った／遣われた記憶は、あまりありません。例えば「デカ部屋」なら――世代的に私は遣いませんが――まあナチュラルというか「えっ？」とは思いませんし、「デカさん」も同様です。ただし、そこには一定のニュアンスがあります。例えば「T警部はホント、デカさんだよね～」と言ったとき、そこには職人に対する羨望《せんぼう》、あるいはちょっとした揶揄《やゆ》が入っているでしょうし、「デカさんだからしょうがないです」といったとき、そこにはまあ、頑固一徹《がんこいってつ》で融通《ゆうずう》が利《き》かない、クセが強い、荒っぽい、ギルド意識が強い……といったニュアンスがこめられています。すなわち「デカ」は、裸でニュートラルに遣う用語ではありません。

さてこのように「刑事」とは、A. 刑事という専務の名称、B. 捜査員の別称なのですが、しかしこれが、ちょっとした誤解のタネになります。

すなわち、解りにくい書き方になってしまうのですが……

刑事とは、刑事だけにいるのではありません。

翻訳すると、「刑事という捜査員（B）は、刑事部門（A）だけにいるのではない」のです。

説明します。

犯罪捜査は、警察の代表的なタスクだと言いましたね。そして、実はそれは、刑事部門だけの仕事ではないのです。細かい議論をのぞけば、警察の専務すべてが、犯罪の捜査を分担しています。すなわち6の専務のうち、生活安全部門にも、交通部門にも、そして警備部門にも、犯罪捜査の仕事が割り振られています。裏から言えば、刑事部門（A）だけが捜査員（B）をかかえているわけでは、ありません。

より具体的に、かつ大雑把《おおざっぱ》に言えば（必ず例外はありますので）、各専務は、次のように犯罪の捜査を分担し、またその仕事を切り分けています――

刑事部門……刑法犯の取締り（刑法のメニューにある犯罪の取締り）
生安部門……特別法犯の取締り（イメージとしては、刑法犯以外）
交通部門……交通事犯の取締り（イメージとしては、道交法違反）
警備部門……警備犯罪の取締り（イメージとしては、テロ関係）

例えば、刑法に規定されている「殺人」「贈収賄《ぞうしゅうわい》」などであれば、それはまさに刑事部門の仕事になりますが、「サイバー犯罪」「著作権法違反」ともなると、生活安全部門の仕事になってくる。轢き逃げとか無免許運転となれば、交通部門の出番です。ちょっと特殊なのは警備部門で、ここだけは、そうしたあらゆる犯罪のうち、テロ集団によって行われるもののすべてを取り扱いますが、他の部門と仕事の切り分けがなされていることに、変わりはありません。

そして、このように仕事が——犯罪捜査の仕事が——切り分けられ分担されている以上、それぞれの犯罪捜査のエキスパートが、それぞれの専務に、存在することとなる。

ですのでまず、「刑事部門に所属する犯罪の捜査員」は、もちろん刑事ですね。

しかし、「生安部門に所属する犯罪の捜査員」は……?

これも実は、刑事です（Bの意味）。

事情は交通部門でも、警備部門でも一緒になります。

ですので、「刑事とは、刑事だけにいるのではない」ことになります。

しかし、それは「刑事という存在」についての話であって、じゃあ実際に「刑事」という言葉を遣うか、というと、これまた微妙な感じです。というのも、警察部内では、Bのヒトを表現するとき、どちらかといえば「捜査員」という言葉を遣うからです。

ただし。

もちろん刑事部門（A）は、刑事の代表格であり、この呼称にプライドがありますから、自分のところの捜査員（B）のことを「刑事」と呼びます。ドラマに出てくる人々ですね。

そして。

他部門でも、自分のところの捜査員（B）のことを「刑事」と呼ぶことがない……とまではいえません。ただ、自分のところの捜査員のことを裸で「刑事」と呼ぶかというと……私の感覚では、かなり微妙です。それぞれの専務には、それぞれのプライドがあるので。ですから違和感の（あまり）ない用語としては、生活安全部門の捜査員なら「生安刑事」、警備部門の捜査員なら「公安刑事」というものがあり、これはまあ、聞かなくもありません。ただし、三人称が多いかなあ、という気がします……例えば、誰かの噂話《うわさばなし》をするとき。「見かけない顔だけど、アイツ誰？」「ああ、生安の刑事さんだよ」といった感じ。これならアリです。裏から言えば、生安部門の捜査員本人が、一人称として「自分は生安刑事です」とは言いません。言うなら「生安で捜査員をしています」ですね。これはシンプルに、紛らわしいからです（生安と刑事だと、組織の並び順も隣り合わせ――まさにこの順番なので、セイアンケイジでは、何を言っているのか解らなくなります）。

なお、交通部門について「交通刑事」という言葉はないはずです。聞いたことがありません。やはり「捜査員」、あるいは「交通捜査」などを遣います。これは、交通部門の特性によるところが大きいでしょう。というのも、交通部門は、制服部門だからです。生安・刑事・交通・警備という現業部門の専務の中で、唯一、制服勤務をする部門が交通。だから、たとえ捜査員であっても、「交通刑事」という表現には、違和感があるのかも知れません。

最後に、では市民に対してどういう言葉を遣うか、を考えます。

この本は、警察のキモを説明する本ですから、実情をつぶさに解説しています。しかし、例えば聞き込みにゆく相手先に、いちいち「自分は生活安全部門の捜査員で、いわゆる刑事さんではないのですが、犯罪捜査をすることに変わりはなく、まあドラマに出てくる刑事さんだと思っていただいて大丈夫です」などと説明するのは、お互い時間の無駄で、バカバカしいことです。最初からドラマのイメージで入った方が、解りやすいですしね。

ですから。

生安の捜査員であれ、警備の捜査員であれ、市民の方とお話をするときは「〇〇署で刑事をしています古野ですが［ここで手帳か名刺］ちょっとお話を……」という枕詞《まくらことば》を遣うはずです。すると、市民の側でも、ああ刑事というのは私服で捜査をする人なんだなあ、というイメージを強くする。私服＝内勤＝刑事、というイメージは、こういうあたりから生まれているのだと思います。

刑事のステレオタイプ――血液型占いにしてみると？

このように、「刑事≒捜査員は、警察のすべての専務にいる」ということが解りました。

そして、これは民間企業でも一緒だと思いますが、「セクションごとの気質」「セクションごとの体質」「セクションごとのメンタリティ」というものは、絶対にある。

警察でもそうです。

すなわち、生安はこういうタイプで、刑事はこういうタイプで……という、いわゆるステレオタイプが存在します。それはあたかも、血液型占いでO型はこうだ、B型はこうだといった風に、かなり歴史的で確乎《かっこ》たるものです。

そこで以下に、それぞれの専務の捜査員について、警察官自身が持っているイメージ、その最大公約数みたいなものを、まとめてみましょう――

【刑事部門の捜査員（まさに刑事）】B型的

がらっぱち。人情家。照れ屋。べんちゃらは嫌い。職人肌。徒弟《とてい》意識。下克上《げこくじょう》。実力主義。現場主義。花形意識。個人商店。上司に媚びない。出世は二の次だが、当たるとデカい。口が悪い。口が軽い。捜査手続に強い。メンタルタフネス。

【生安部門の捜査員（生安の刑事）】AB型的

ソフトで紳士的。理知的でマイルド。怒らせると恐い。刑事部門を立てる。弁が立つ。組織の知恵袋。何でも屋でありエキスパート。段取り上手。最先端を走る。個人技もチームプレイもこなす。自然に出世する。強さとしなやかさ。

【交通部門の捜査員】A型的

マジメで几帳面。誠実で優しい。正義感が強い。我慢強い。やや朴訥《ぼくとつ》。最前線に立つ。市民から嫌われる。タスクとアップデートに黙々と取り組む。書類仕事に強い。他部門へは不干渉。出世は様々。非メインストリーム意識。

【警備部門の捜査員】O型的

人当たりが極めてよい。何を考えているのか不明。やっていることも不明。独立王国。マニアック。インテリ集団。多芸多才。チームプレイのみ。やや陰険。捜査手続に難がある。執念深い。口が硬い。かつての出世頭。顔で分かる。

……もちろん、血液型占い程度の話です。星占いでもそうですが、まさかヒトの特性なり性格傾向なりが、4パターン、12パターンに収まるはずがありません。しかし、警察で数年暮らしていれば、たいてい、このようなイメージを持つはずです。

ですので、「ガサツなA型の人」がめずらしい（と思われてしまう）ように、「踏ん反り返っている生安の捜査員」「粗暴な交通の捜査員」「多弁な警備の捜査員」というのは、レアな感じです。もちろん、例えば刑事は刑事でも、さらに詳細を見てみれば、例えば「マル暴刑事」と「知能犯刑事」では、メンタリティが全然違ってきます。それはそうです。セクションが性格形成に大きな影響を与えるということは、係レベルでも性格形成が違ってくる、ということだからです。

したがいまして――

「こういうタイプの人が、捜査員に向いている」という一般論は、あまり意味がありません。どんなタイプの人でも、自分の性格傾向にふさわしいセクションに（理論的には）入れますし、だからこそ先に述べたように、交番から専務員入りするときに、自分で希望して分野を選ぶのですから（あまりに優秀なときは、ドラフト会議になるでしょうが）。

ただ、敢《あ》えて言えば。

刑事＝捜査員である以上、捜査手続と捜査書類に（ある程度）職人的な資質を持っていなければ、どの分野でもつらいです。もちろんこれは、マジメに実務をこなしていれば、交番の段階から素養はできますし、捜査員になってからのＯＪＴで、嫌というほど数をこなせます。すなわち、後天的にいくらでも獲得できる資質です。逆に、「書類はどうにも苦手で……」「刑訴法はイマイチ……」という警察官は、先天的に不適格なのではなく、給与に見合った努力をしていないという意味で、後天的に不適格。ゆえに、専務からのお声掛かりは、まずないでしょう。

そうまさに刑事について、概観することとしましょう。

既に述べたように、刑事にもいろいろあるのですが、ここでは「刑事部門の捜査員」、

刑事の生きざま

刑事になるには、資質と働きぶりと試験がすべて。階級は無関係です。すなわち、例えば巡査部長試験に合格していないと刑事になれない――などということはありません。この本でも、既にS女性刑事のことを話しましたが、警察署であれば、巡査長の刑事さんなんてめずらしくもありません。

さて刑事に登用されると、まずは警察署勤務がほとんどです（どの専務でも、いきなり警察本部勤務というのは、レアケースです）。したがって、それまでは、どこそこ交番の係員だった古野巡査が、警察署刑事課の――刑事一課かも刑事二課かも知れませんが――〇〇係の係員に異動することとなります。制服は借りっぱなしですが、着るのはローテーションで回ってくる当直（二十四時間の泊まり）のときくらいで、あとは私服。

ジーパンというのは記憶にありませんが、仕事の性質上、また具体的なミッションに応じて、ラフな格好も許されます（例えば放火犯の張り込みをするときにスーツ、というのはバカでしょう。逆に、聞き込みをするときにTシャツというのも非常識です）。

刑事の○○係、にはいろいろありますが、例えば「強行係《きょうこう》」だと殺人、傷害、放火、強制わいせつといった荒事を担当し、「知能係」だと詐欺、贈収賄、横領、文書偽造といったハイソ（？）なものを担当することになる。あとは盗犯係とか、マル暴係とか、あるいは鑑識係とか……どこに配置されるかは、本人の希望もあるでしょうが、基本、ギルドの欠員補充ですから、組織の人事方針に従うことになります。それがあるいは人生の最後まで、大きな影響を与えることもありえます。

日々の仕事は、日勤制です。交番では当番―非番―指定休の三交替でしたが、警察署では月曜から金曜の、例えば朝八時三〇分～夕方五時一五分といった勤務になる。公務員ですので、土日は基本、休みです。ですが、先に述べた当直が土日にブチ当たることはありますし、警察の中でも刑事は呼び出しが多いでしょうから、必ず休めるものとは、誰も思っていません。なお当直で泊まった後、すなわち前日徹夜していた翌朝からも、それが土曜日日曜日でなければ、私服にもどって普通に勤務するのが（私の経験では）

一般でした。また、余談ですが、私服の刑事であっても、交替制勤務を命じられる場合、あるいは交替制勤務を命じられるユニットは、あります。

では、刑事が平日に何をやっているか、ざっと見ましょう。

警察は、警察学校でガッチリ仕込まれるとおりに、時間に厳格なところですから――またそうでないと、二四時間三六五日営業はできないのですが――始業時間に出勤してくる刑事はいません。いるとすれば、それは警部クラス、いえ警視クラスです（それでも始業時間ギリギリはないでしょう……署長より後というのは、問題ですから）。

これが、刑事課に入りたての古野巡査長となると、朝は六時台の出勤でしょう。一番乗りが基本です。そして調べ室、トイレ、ボスの個室、検討室、書類倉庫、本室の掃除をして、先輩刑事のデスクを清め、お茶・コーヒーの類をセッティングし、それぞれの好みの飲み物をすぐ出せる状態にし、ひととおりの下働きが終わったら、さっそく自分が抱えている書類仕事などを始めます。すると先輩刑事が出勤してくる。朝八時を過ぎてくると、かなりガヤガヤしてきます。

始業時間になると、確か学校のようにベルかチャイムが鳴り、特に儀式もなく、それぞれがそれぞれの仕事に取り掛かる。もちろん平時は、ですが。その「それぞれの仕事」というのは――

刑事課は、各係のシマに分かれていて、それぞれは係長（警部補）をトップとしています。その下にサブリーダー格の主任（巡査部長）がそこそこいて、またその下に係員（巡査長、巡査）がいる。そして大抵は、主任についても係員についても、「その係の仕事の中で、具体的に何を分担するか」が決まっていますので、典型的には「主任―係員」のユニットが幾つか、できることになる。古野巡査長であれば、たいていH巡査部長と組む、みたいな感じで。そしてH巡査部長は、シマのトップであるM係長からいろいろな仕事を与えられていますので、古野巡査長に命令して、やらせるべきことはやらせ、自分でやらなければいけないことは、自分でやる。なおM係長も、自分自身で事件を持ちます。

ここで、平時ですと、たいていどの刑事も、自分で処理すべき事件を抱えていますから、今日は被害者から調書を巻こうとか、参考人から話を聞いてみようとか、役所に照会をしてみようとか、それこそ聞き込みに行こうとか、証拠品を鑑定に出そうとか、証拠品の実況見分を終えておこうとか、見分結果の図面を引いておこうとか、これまでの捜査報告書をまとめようとか、事件チャートを更新しようとか、被疑者の所在捜査をしようとか、どうにも被疑者が分からないから夜の邀撃《ようげき》捜査をしてみようとか（放火、ひったくりなどでよくあります）、あるいは、被疑者が分かっているのなら尾行・張り込みに出撃しようとか、ガッチリ行動確認をしてみようとか、ガサを掛けるために令状請求の準備をしようとか、いよいよ逮捕しなきゃいけないから上司と検事と裁判官が納得するだけの素材を整えようとか、そのための係検討をしようとか、署内決裁のスタンプラリーに回ろうとか——やることは無数に、無限にあります。平時においてもそうです。ですので、古野巡査長がオーダーを取りに回ったお昼の出前を挟んで（大規模署だと、署員食堂があったりもします。また、外回りの際に外食をすることは、もちろんあります）、それこそ県庁・市役所みたいに、黙々とデスクワークが続くか、外回りをしているかのどちらか。気がつくと五時一五分の鐘が鳴る頃なので、当直員は制服に着換えて刑事課を離れますし、有事でなければ、これまた一般の企業よろしく、偉い人から帰ってゆきます。

ところが、有事においては。

すなわち、そうした平時の仕事をしているときに、いざ「強盗が起きた!!」というようなときは――

平時のあらゆる仕事はストップです。

もちろん緊急配備がかかりますので、すぐさま計画どおりハンティングの態勢をとらなければなりません。そして首尾よく被疑者が確保できれば、これは、それまでそれを担当していた刑事はいないわけですから、係長が新たに、例えばH巡査部長と古野巡査長を担当にして――バタバタしますので、係全員が対応、ということも稀《まれ》ではありませんが――逮捕の手続をし、被疑者・被害者・参考人の取調べをし、関係箇所の実況見分をし、必要なガサをし、差押えをし、検事に送るための書類を作成し、署内で必要な諸々の調整と決裁を終え……これまたやることは無数に、無限に出てきます。

すなわち。

つねに予想される、突発の事件を待ちながら――あるいは警戒しながら、あるいは嫌がりながら――既に持っている事件の処理を進める。これが「それぞれの仕事」です。

また、突発事案というのは、事件にかぎられません。

例えば首吊り自殺があった、という一一〇番通報があれば、その段階では、それは首吊りに偽装した殺人事件かも知れませんから、必ず死体見分、ひょっとしたら検視をする必要があります。こうなるとこれまた有事で、それまで例えば、渾身《こんしん》の捜査報告書を延々作成していたのをスッパリ諦《あきら》め、すぐ機動隊の出動服に着換え、御遺体を検《あらた》めにゆくことになる。いわゆるマル変事案です。これまた、発生までは誰も担当がいなかったわけですから、例えばM係長が新たに、「オイH部長、古野巡査長、頼むぞ」とか命令をし、ふたりは平時の仕事を切り上げてすぐ臨場、ということになる。結果は、ほとんどが犯罪性のないものです。あったら大変です。

――犯罪性があったら？

そう、いよいよ殺人事件になる。いよいよドラマの世界になる。

警察官の主観だと、管内で殺人が発生するなんてのは、いきなり署に弾道ミサイルを撃ち込まれたようなもの。周辺地域は戦場になり、警察署は炎上した前線指揮所・野戦病院になる。まさに有事で、言葉は不謹慎《ふきんしん》ですがお祭りです。通常業務返上、土日返上、イベント返上、式典返上、有給返上、旅行計画返上、飲み会返上、披露宴返上……

警察署のすべての職員が、この炎上の影響を受けます。刑事だけではなく、交番のおまわりさんに至るまで、すべてです。

より具体的に、先の首吊り自殺偽装の殺人について、考えてみましょう。

発見者がいるから発覚するわけで、発覚すれば普通、一一〇番通報をするでしょう。ここで警察が事案を認知し、捜査をふくむ警察活動を開始する。捜査のこうした最初の引き金を「捜査の端緒《たんちょ》」といいますが、端緒から（検察官のする）起訴までが、とりあえずは警察にとって1つのプロジェクトとなります。

さて一一〇番通報を受けると、あらゆるタスクの初動の部分を担当する交番の警察官が即応し始めますが、こと人死にとなると、最初からかなりの専門性が求められますので、交番の警察官がジェネラリストとしてやれることは少なく、初動の段階から刑事も——時には刑事だけが——臨場します。これは、警察署の刑事であり、例えばH巡査部長と古野巡査長ですが、私の経験だと、マル変の対応は結構キツいので、「係で動ける刑事はみな着換えて出動」がオキテみたいなものでした。たいてい、M係長以下四人、五人……がワゴンなどで駆けつけます。

臨場しますと、死体見分。

この例だと、自殺偽装ですが、最初は偽装なのかホンモノの自殺なのか、分からない状態です。しかし、首吊り偽装の識別ともなると、何十年にもわたるノウハウが積み重なっていますから、古野巡査長はともかく、M係長、H巡査部長なら「ピン」と来るものがあります。まず最初に、職人として全体的な違和感を感じるでしょうし、違和感を感じれば、刑事部門が積み重ねてきた数多《あまた》のチェックポイントを、確認しようとするはずです。チェックポイントは、法医学的なものです。ちなみにその分野の長い刑事だと、そんじょそこらの法医学教授より、知識・経験を持っているのがノーマルです。

　ですので、自殺偽装＝犯罪性がある＝マジやばい、というのは、ヤバければヤバいほど、短時間で分かります。数分～一〇分で赤信号が灯《とも》る、ということも不思議ではない。そしてヤバければヤバいほど、直ちに警察本部に報告し、警察本部と情報共有し、そっちの刑事の臨場を促します。「警察署レベルの話ではない」からです。殺人については、警察本部にまず、「検視班」等とよばれる二四時間三六五日対応の刑事ユニットがあり（わずかに経験がありますが、激務です）、これは死体見分・検視のプロフェッショナル集団。今の例ですと、M係長から「どうにもおかしい」という連絡があり次第、たちまち警察本部から車を飛ばして来ますし、そもそも一一〇番通報などを傍受していますから、無線通話の流れだけで「あっヤバそうだ」と感じれば、要請・連絡を待たず、自分たちから駆けつけて来ます。「検視官」「調査官」等と呼ばれる、警視クラスの班長自ら、幕僚集団を率いてやってきます。そして現場でM係長以下署の刑事と合流し、「おうM、どんな感じだ」「あっ今週はI検視官の週ですか、お疲れ様、いやガチでヤバいっす」などと軽口を叩きながら――先に述べたとおり、刑事はギルドですから、ベテランになればなるほど互いに知り合いで、キャラクタを知り尽くしています――むしろ署の刑事をリードする形で、いよいよ微に入り細に入り、検視を始めます。これまた、感触は短時間でつかむでしょう。そして自殺偽装と見極めれば、いよいよ後々のための証拠化を始めるとともに――イメージとしては書類作成、写真撮影、データ入力など――関係幹部に即報《そくほう》することになる。なお、事案が自殺偽装でなく、「竹藪で人が刺されて死んでいる」ともなれば、最初から殺人であると覚悟しなければなりませんから、交番の警察官、署の刑事、捜査一課の検視班、捜査一課の刑事、機動捜査隊の刑事……などが、最大動員で入り乱れることになるでしょう。

さて、「いよいよ殺人!!」となると、署では警察署長・副署長、警察本部では刑事部長・捜査一課長・関係する管理官/主任官にレッドアラートがかかります。

これまたイメージとしては、それまで遊弋《ゆうよく》・哨戒《しょうかい》・演習などをしていた軍艦（警察署）が、直ちに実戦に突入し、艦長（署長）・副長（副署長）は、自艦に艦隊司令部要員（警察本部の刑事）の座乗《ざじょう》を求めることになる。

　もう少し詳しく見ると、殺人事件が発生すれば、この軍艦は、その殺人事件の捜査については、艦隊司令部のとある提督《ていとく》（刑事部長・警視正以上）の指揮下に入ります。そしてこの提督の参謀長（捜査一課長・警視以上）率いる参謀たち（捜査一課の各班の少なくとも１つ）を、自分の軍艦に座乗させなければなりません。提督自身は、他にも腐るほど仕事があるので、自ら軍艦に乗りこんでは来ませんし、参謀長も、同じような状態の軍艦を回らなければなりませんので、常駐はしません。ただし、指揮権は提督にあります。言い換えれば、捜査本部のトップ（捜査本部長）は、警察本部の刑事部長となり、署長を指揮できます。この提督の指揮権の下、艦長と、参謀長が横並びのツートップとなり（署長と捜査一課長は、ともに副本部長となります）、どちらかといえば参謀長のリーダーシップの下、軍艦の動きを、決めてゆくことになる。

　実際に捜査本部を仕切るのは（急に乗りこんできて、いわゆるデカい顔をし始めるのは）、座乗してきた幕僚集団で、すなわち捜査一課に複数設置されている、一〇人程度の精鋭刑事の班——殺人捜査のプロフェッショナル刑事集団です。この幕僚集団の実務上のトップは、先任参謀の「管理官」（警視）。実務面はすべて、参謀長の名代《みょうだい》として、管理官が掌握します。ただしこれまた、複数の班を担当しているのが一般的なので、事案の重要性と忙しさによって、軍艦には常駐したりしなかったり（ホットな段階では、常駐しているのが普通だと思いますが、とにかく忙しい）。よっていつも軍艦に存在し、いつも（艦長の顔を立てながら）軍艦の動きを指示しているのは、参謀を取り仕切る「主任官」（警部以上）です。この参謀が、ミッション終了までずっと軍艦に常駐し、自分が率いる参謀集団はもちろん、それと合体して編制した、艦員多数からなる戦闘集団――捜査本部を、具体的に動かしてゆくことになる。

これを、軍艦＝警察署の側から見ると……

艦長＝警察署長は全能神ですから、それまでは、自分の思うように艦を動かすことができ、自分の思うように艦員を動かすことができます。交通に強い署長なら、交通分野に力を入れるでしょうし、生安に強い署長なら、生安分野で実績を上げようとするでしょう。しかし、いざ殺人事件が発生し、指揮権を（それについては）奪われ、艦隊司令部から参謀集団を受け入れなければならない、となると――

まず、受け入れの万全を期さなければなりません。自分より上の、提督の命令ですから。そもそもこの軍艦には、そんな参謀たちのための部屋も、宿舎もありはしないので、まずは物理的な「会議室」を確保しなければなりません。寝泊まりのためのスペースもです。たいていは、警察署には講堂、道場といったものがありますし、大規模警察署ならそれなりの会議室があるはずなので、そこを急遽《きゅうきょ》改装して、いわば巨大なデカ部屋を作ります。この臨時の、巨大なデカ部屋には、ほんとうに様々なスタイルがあり――それはそうです、各警察署の設備事情によるのですから。ちなみに警察署というのは、三〇人規模でも三〇〇人規模でもありえます――すべてがドラマに出てくるような、ハイテクスクリーンに白い長机にパソコンに、というわけにはゆきません。私が経験した殺人事件の帳場《ちょうば》（捜査本部のことを「帳場」あるいは「飯場」といいます）だと、比較的狭い講堂に、どこにでもありそうな折りたたみの茶色の長机を配したものでした。ここに確か昔ながらの黒板を置き、その前に幹部の座る雛壇《ひなだん》を置き、それと正対する形で捜査員が座る長机を並べ、壁際に庶務班の執務スペースと什器《じゅうき》があった記憶があります。ただ、捜査員が雛壇とは正対せず、雛壇をシマの頭みたいにして、各ユニットをオフィス・スタイルで――例えば市役所のオープンスペース形式で――配置した会議もした記憶がありますし、重要な「捜査一課長検討」などは、雛壇の前に長机をコの字に並べたゼミ・スタイルだった記憶もありますので、「捜査本部はこうだ!!」「捜査本部はこう作る!!」みたいなテンプレあるいはフォーマットは、ないと言えるでしょう。ちなみに、私が経験した殺人事件以外の捜査本部だと――「詐欺」「業務上過失致傷」「入管法違反」「郵便法違反」などなどがありましたが――話はますます多様化しまして、講堂の一角に衝立《ついたて》を置いてそこでやる、警察署の1つの課の中にコッソリ立てる、警察本部の別室を使う、果ては機動隊の隊舎の一部を借りるなど、とても一般論では語れません（とりわけ捜査していること自体が秘密である「内偵型の捜査本部」の場合、まさか戒《かい》名《みょう》を貼り出すことはありませんし、警察部内においても設置していることがバレないよう、物理的に様々な工夫を凝らします）。「詐欺」のときの捜査本部など、某所に設置したその外からは何も分からないようにしましたが、一歩中に入れば、監査を受けている銀行のような、書類を焼却し始めている現地司令部のような、机から書類から電話からもうバラバラのバサバサのゴッチャゴチャな在り様で、ドラマに出てくる整然さなど、まったくありませんでした。誇張なしに、荒れた戦場でした。

さて次に、艦長・副長＝署長・副署長が苦悩するのは、体制の万全を期さなければならないことです（警察で定員／人員／編制のことを「体制」といいます）。

スピード解決が確実なものは別論、捜査本部を立てるとなると、長期戦で三か月〜六か月。緒戦《しょせん》の大量動員期間は、三週間。それらのあいだ――予想される事案の「手強さ」、あるいはその警察署の規模にもよりますが――座乗してくる参謀集団を入れて少なくとも四〇人以上、ひょっとすると一〇〇人単位で、まったく不意の、臨時の戦闘集団をひねり出さなければなりません。

ここで、先に述べたとおり、警察署には三〇人の署も、三〇〇人の署もあるのです。そして実は、カンタンな目安としては、うち四〇％は交番のおまわりさん。三〇〇人規模の大規模署だったとしても、いわゆる私服の専務員は、単純計算で一八〇人になりますね。しかも警察は、二四時間三六五日営業の治安関係総合商社ですから、いくら捜査本部を立てるからといって、他の警察活動をお休みにするわけにはゆきません。ゆくはずがない。そこから例えば一〇〇人単位で、人を捻出《ねんしゅつ》する。しなければならない。

そうしますと……

まず本職である、署の刑事――刑事部門の捜査員を最大動員するのは当然。

次に、広い意味での刑事である、生安・交通・警備の捜査員をも動員します。

さらには、総警務＝管理部門の警察官、また交番の警察官も、吸い上げます。

こうして掻き集められた、警察署の警察官は、すべて私服の捜査員となり、任務が解除されるまでは、市民がいう意味での「刑事」として、捜査本部の捜査に従事することになる。その日まで自分がやってきた仕事は、ぜんぶペンディング、あるいは引き継ぎ。出勤スタイルも、交番の警察官であれば私服で直接警察署に、署の専務員であればちょっと自分の部屋に寄ってから捜査本部に、という形になるでしょう。

捜査本部の最小のユニットは、ドラマでもよくある「二人一組」です。これは、そういうルールなのか、そういう決まりでもあるのかというと……私には断言できません。経験論でしか言えないので。私が捜査一課の刑事をさせてもらったときは、二人一組しか経験していません。私は署のベテラン刑事さんと組んだことが1回、捜査一課のベテラン刑事と組んだことが1回、あとはなんと、機動隊のほとんど新人さんと組んだことが1回あります。ただし、記憶では、特命捜査で1人で外回りをしたこともありました。

そもそも平時の態勢でも、先のように「H巡査部長―古野巡査長」みたいに、自然にあるいは職制上、コンビができたりします。ですので、文化／慣習として二人一組だ、といってしまえば、それまでですが……

実際のところ、1人だと気楽ですが、不都合もあります。ミス、見落とし、聞き逃し、勘違い、咄嗟《とっさ》の事態への対応……そもそも1人の視点・観点だけで命令された捜査をするのは、あまり合理的ではないでしょう。そして体制の都合から、三人一組というのは無理です。口の悪い刑事は、「1人で出すとぱちんこに行くか、市役所の駐車場あたりで車駐めて寝るから」なんて冗談を言っていました（そして時効だから言いますが、実際にそれができることも証明してくれました。もちろん教育的配慮からです――デキる人でしたから）。二人一組には、このように、様々な意味が見出せます。

このペアというかコンビですが、私の記憶では、そして警察文化としておそらく当然に、捜査本部の体制表を作るとき編制されるものです。この指止まれで選ぶものでも、チェンジが利くものでもありません。そもそも、相性を云々していられる仕事でもありません。朝一番で会議をし、さあ行ってこいと外回り。ユニットに与えられたタスクが処理できるまでは、日がな一日営業活動です。その日に成果がなければ、夜粘れるだけ粘って、深夜にトボトボ捜査本部に帰り、デンと待ち構えている主任官に気合いを入れられる。先に「車駐めて寝る」が冗談だと言ったのは、それをやるのは刑事の勝手だけれど、それをやっても要は宿題が貯まってゆくだけな上、毎晩毎晩ボコボコに怒られるからです。捜査本部はタスクフォース、プロジェクトチームですから当然です。それは民間でもそうでしょう。

　さて捜査の内容ですが、これは様々です。昔ながらの基本は、「地取《じど》り」「鑑取《かんど》り」「ブツ」でしょうか。すなわち聞き込み、縁故捜査、証拠品です。総力戦ともなると、アナクロな言葉ですが「メッシュマップ方式」によって――これは日本海海戦式でもありますが――管内地図を網目《メッシュ》のように線引きして細分化・マス目化して、マス目ごと担当ユニットを決め、虱潰《しらみつぶ》しに聞き込みをしてゆきます。あとはもちろん、目撃者捜査。犯行時刻に現場を通る、いわゆる定時通行人などを総当たり。もちろん関係者のスマホ等の架電記録、メールの捜査、銀行口座の解析。あるいは最近ですと、防犯カメラ捜査は不可欠です。防犯カメラ以外でも、いわゆるNシステムは基本。Suicaなどの情報も重要でしょう。凶器が使用されたのなら、その出所を捜査する。はたまた、微物《びぶつ》もイロハのイです。殺人の初動において、検視と同様におそろしく重要なのが、微物鑑識。すなわち、古典的には指紋・足跡。あるいは毛髪・体液。最近であれば、およそDNA型を鑑定できるあらゆる遺留物、あらゆる試料《しりょう》が、等しく重要です。たばこの吸い殻などは、昔から重要ですが（唾液）、およそ皮膚片があればDNA型鑑定はできうるので、極論、被疑者が被害者の着衣をつかんでいたりすれば、その着衣などおたからの宝庫でありうるわけです。また雑学的な話し方をすれば、グラスなど、多少水洗いされても、指紋はとれます。こうした微物鑑識については、警察署の刑事課にも鑑識係がおり、かなりの技能を有しているわけですが、こと殺人ともなれば、その後の捜査に死活的なインパクトを与えますので、警察本部の「機動鑑識」といったスペシャリスト部隊が投入されもします。検視班同様、交替制勤務で、二四時間三六五日の対応ができる専門家集団です。

このように、捜査本部という戦闘集団・プロジェクトチームには、やることが腐るほどありますし、また次から次へと出てきます。

それを、初期段階ではおそらく常駐している管理官（警視）の統括の下、捜査主任官（警部以上）が班のボスとして――実際上は捜査本部のボスとして――把握し、班のベテラン刑事とともに戦略を立て、地取りなら地取り、防犯カメラなら防犯カメラ、スマホ捜査ならスマホ捜査といったジャンルごと戦術目的を立て、最終的には、先に述べた二人一組のユニットごと、戦術行動を命令してゆきます。副本部長である署長は、多忙ですので、朝の会議には必ず出席しますが、捜査本部には詰めません。主任官以上と庶務班は、ずっと捜査本部に残り、全体の動きをつかみながら、とりまとめ・兵站《へいたん》の仕事をします。ですので例えば、午前一一時の捜査本部というのは、大きな動きがなければ意外に牧歌的で——むしろ田舎の学校の日曜日のような感じで——「主任官、お昼どうします?」「ちっ、もうあそこの弁当は飽きたんだよなあ」みたいな、まったりとした空気が流れたりもします（それはそうです、指揮官はユニットのとりまとめですから、ジリジリと営業結果を待つしかありませんし、そもそも若き日に、死ぬほど外回りを経験して、実績を上げてきた古狸ですから）。そして時折、重要な局面で——あるいは停滞著しい局面で——副本部長である捜査一課長臨席の検討会議があったり、あるいは捜査本部長である刑事部長の督励《とくれい》があったり。

やがて犯人検挙となれば、泊まりこみ上等の激戦タイムは一段落し、当面の戦略目的である「起訴」に持ちこむため、取調べ、裏付け捜査、実況見分、再現見分、諸鑑定、関係箇所の捜索差押え……といった、詰め将棋が行われることになります。重要な事件の組立てになりますので、最大動員の人海戦術というよりは、より捜査一課の刑事が主導的となった、「職人による捜査手続の仕上げ」が求められます。

……では、犯人検挙にならなかったら?

なるまで捜査はします。

ただし、捜査本部の体制は、徐々に削減されてゆきます。まったく手詰まりとなれば、そしてそれが長期化してくれば、事実上「もう警察署の刑事の体制だけでやっていける」というか「警察署の刑事だけでやる程度のネタしかない」ことになり、解散。最悪、未解決事件となりますが、まさか未解決で終わってしまうかどうかは分かりませんので、関係書類・証拠品は確実に引継ぎ・保管をして、つねに新局面に備えておくことになります。

私の経験では、事情によって時効が完成していなかった殺人犯が、犯行後15年目に突然「病院で病死した」と判明した事案がありました。このとき、捜査本部はもう解散していましたが、もちろん継続捜査で、警察署に関係書類・証拠品がガッチリ残っています。そして署が仕上げの「被疑者死亡による書類送致」をすることになりました。署ですので、また捜査本部でもありませんので、またさらに、既に被疑者死亡でもありましたので、駆け出しの私も1人で、被疑者生前の職場複数へ、なんというか、不思議な「聞き込み」をしに行き、調書を巻いてきた記憶があります……事情からして、捜査本部のあの切迫感がどうしてもありませんので、刑事も雇い主さんも、あるいは犯人の同僚さんも、逃亡犯の人生について考えこんでしまう、そんな不思議な「聞き込み」でした。

以上、刑事の「平時の仕事」と「有事の仕事」について説明しました。

既に、刑事になるにはどうすればいいか、そして、刑事がどのような異動をするかは、御説明してあります。それを、このトピックと絡めてみますと、まず捜査本部には、交番のおまわりさんも——全員ではありえませんが——必ず動員されることになります。そして、交番の警察官は捜査のエキスパートではありません。ですからこの人は、署の、広い意味での刑事（捜査員）か、狭い意味での刑事（刑事課の捜査員）か、ひょっとしたら、いきなり捜査一課の刑事と組むことになる。

ここで、もし吸い上げられた交番の警察官が「刑事になりたい!!」という熱意を持っていたら、不謹慎《ふきんしん》な言葉ながら、これはビッグチャンスでしょう。初めての外回りの営業で、しかも無作為に与えられるタスクで、はたして結果が出せるかどうかは分かりませんが……しかし「情熱・懸命さ」なら、伝えることができます。また、署の刑事と組むにしろ、警察本部の刑事と組むにしろ、制服勤務では得がたいノウハウを、吸収することができるでしょう。

そこで例えば、署の刑事に見込まれた……少なくとも顔を（好意的に）覚えてもらえたとなれば、専務入りのチャンスは上がります。

これを刑事から見ると、気の利いた若いのがどこそこ交番にいる——となれば、目をつけた刑事は、まず係内で話題にします。それこそデスクや喫煙所で「アイツいいんじゃね？」「ああ、よく刑事部屋にも遊びに来やがるしな」「マズい顔だけどな。よし、交番での実績、調べてみるか」みたいな感じで。たいてい係長以下だと、とりわけ刑事は、悪ガキ集団みたいなノリなので、そうした情報は、係長（警部補）までは必ず共有される。そして、実は課長（警部）ともなると、「青田買いしたい後継者を、警察本部に教えておく」のも重要なミッションですから、係長が課長に話を持ってゆくか、課長がその話を積極的に聞きつけるかします。そして課長はいろいろ値踏みして（変なのを推薦したら課長自身の評価に響きます）、よしコイツだ、コイツをとろうと決意すれば、警察本部の、この場合は刑事総務課の次席（警視）あたりに電話をして、「コイツ取りたいんです」「コイツ優秀です」「コイツ、リストに載せてください」と頼む。これが、先に述べた専務員試験につながってゆく。

この子が専務入りして、署の刑事になれば——

先に述べた平時の仕事を、巡査部長と組んで、あるいは警部補と組んで、こなしてゆく。時に有事の仕事が入る。捜査本部事件となれば、今度は自分が刑事ですから、交番のおまわりさんと組んで、指導する立場になるかも知れない。あるいは、捜査一課の刑事と組んで、より成長する機会がもらえるかも知れない。

そして、ギルドに入れば、ギルド内の異動しかないのが基本ですから、A警察署の刑事からB警察署の刑事になり、また係を変えたりしながら、実務能力を鍛えてゆく——ここで次に、「警察本部入りするかしないか」にも、専務員試験と似たような現象があります。すなわちこの例で言うと、この子が、捜査本部事件で捜査一課の刑事と組んだとする。そのとき、気働きでもセンスでも営業結果でも何でもいいですが、光るものを見せたとする。そうすると、今度は捜査一課が「アイツいいんじゃね?」となり、年季・実績などを勘案しながら、警察本部への登用を判断します。具体的には、次の人事異動で採るか採らないかを、じっくり考えてゆきます（なお、さすがに「本部員試験」というのは、ありません）。

つまり、刑事に入るのにもセレクションがあり、さらに、警察本部に入るのにもセレクションがある——というわけです。

そして、晴れて警察本部の刑事となれば。

今度は、先の例で言えば、捜査一課の、主任官に率いられた一〇人程度の班員のひとりになる。まさに捜査本部の中核を担う、刑事の中の刑事になる。

――ですので、刑事の理想的なコースとしては、まず専務員に早く登用されること、次に本部員に早く登用されること、となります。そして本部勤務を長くこなすと、まさに刑事を担う存在と認められ、基本的に本部勤務が圧倒的に多い人生を、歩むことになる。もちろん警察は官庁ですから、１つの所属に何年も何年も居座ることはできません（これは、どんな役所でも一緒です）。ですから、時折警察署の刑事にもどりながら、そこでエース級の働きをしながら、また警察本部に帰ってくる、という人生になります。

そして、この警察本部で認められた刑事は、やがては先の「主任官」「管理官」となってゆくでしょう。最終勝者として捜査一課長、刑事総務課長、刑事部参事官、そして県によっては刑事部長ということも、ありえます。刑事部長といえば、御記憶でしょうか、もう捜査本部長ですよね。

他方で。

刑事の仕事が大好きで、自他ともに認める職人だけれど、出世に興味がない、あるいはむしろ出世したくない、というタイプの刑事もいます。デキるけど、上は目指さない、というタイプです。もちろんある程度の階級／職位がないと、デキるその力を十分に発揮できませんから、こういう刑事は、警部補までにはなります。警部補試験までは受ける。しかし、警察では「警部以上が管理職」「警部以上は管理仕事」なので、警部補と警部では、圧倒的に前者が現場派、後者がデスク派です。組織としては、デキる人ほど階級を上げてほしいのですが、現場が好きな刑事ほど、管理職には興味がないタイプが多い（刑事課だと、警部補と警部でやたら仲が悪かったり、警部補の方が警部を見下していたりといった現象が、まま起こります……）。このタイプの刑事は、警部以上になるのを避けつつ、しかし仕事は確実にこなします。ますます、職人芸に磨きをかけます。そうしないと、「刑事部門の将来を担う人材ではない」とかいった理由で、ギルドから追い出されかねないから。事実、サボりに入ったら、確実に、交番への片道切符を渡されるでしょう。サボりに入らなければ、異動パターンとしては、やはり警察本部と警察署の往復運動になりますが、実務能力が頭打ちになれば、あるいは錆《さ》び付いてきたと見られたら、まず警察本部に帰ることがなくなります。人事異動は、警察署の衛星運動になり――それでも専務員ですから、部内のステイタスは低くありませんが――おのずから「ああ、そろそろ潮時かなあ」と感じるようになり、その頃に実際、署の管理部門か、交番の責任者になって、刑事を出てゆく。もちろん、最後の最後まで職人芸と誇りとやる気を失わず、専務員のまま――刑事のまま勇退してゆく人も、多いです。ギルドは、優秀な職人を追い出すことはしません。ただし、例えば55歳の優秀な職人と、新しくリクルートしたい28歳のエースとが、もし1つのイスを争うとしたら、ギルドとしては、後者に軍配を上げるでしょう。つまり年齢に比例して、ギルドに存在し続ける資格が、あるいはギルドに残留するための競争が、厳しくなってくるわけです。警察も官庁で、官庁の定員は、1人単位でキッチリ決まっていますから。

刑事になった後の人生は、おおむね、このような感じです。

刑事のスキル、刑事のミス

刑事については、いろいろな本、ネットの情報から、その仕事の現実、あるいはその技能などが語られています。捜査の実際がどうとか、捜査心得がどうとか。

そうした各論を語れば、キリがありません。また実際、殺人事件について、ほんの一部をもう述べました。

そこで、総論というか本質、つまり「刑事のスキルの本質は何か？」を言えば——

それは、有罪判決を確定させることです。国の刑罰権を、確実に発動させることです。——犯罪があるとき、必ず犯人がいます。そして、この犯人は処罰されなくてはなりません。厳密に言えば、この犯人について、処分が確定されなくてはなりません（例えば責任無能力、正当防衛などで処罰をしないときでも、事実を認定し、処分を確定する必要があります）。

では、どうすればこの犯人を処罰することができるでしょうか？

刑事裁判で、有罪判決を確定させれば、処罰できますよね。

ここで、裁判をするのは裁判所（裁判官）、裁判を求めるのは検察官です。すなわち検察官が「コイツ悪《ワル》だから処罰したい。ジャッジお願いしまーす」とアクションを起こすのが起訴。これを受けて裁判所は「お前はそう言うけど、取り敢えず話、聞いてみてからな」とお白洲《しらす》を始める。これが刑事裁判（マックスで、地裁―高裁―最高裁と3度）。

ゆえに、我が国の刑事裁判を語るときは——例えば大学の刑訴法の講義とか——どうしても法曹《ほうそう》中心、公判中心になるのですが……実は、刑事裁判において最も重要なのは、公判の前段階、捜査手続の段階です。したがって実は、刑事裁判において最も重要なのは、公判には基本出席しない、刑事です。この「舞台に上がることのない主役」が、有罪判決を確定させる上で、いちばん肝心な働きをしています。これは、客観的にそうです。

説明します。

例えば、ＡがＢを殺した。そういう事実があるとします。客観的には、殺人です。だから、刑法の殺人罪を犯した――ということで、国は刑罰権を発動し、Ａを処罰しなければならない。しかしここで、Ａを処罰するためには、裁判所が、ＡがＢを殺したと「合理的な疑いを差し挟む余地のない程度に」「通常人なら誰でも疑いを差し挟まない程度に」真実らしいと確信する必要があります（≒誰がどう考えてもまずそうだろう、というレベルまで）。よって、起訴をする検察官は、証拠により、裁判所にこうした確信を持ってもらう必要がありますし、そうした「確信を持ってもらう責任」「立証する責任」は、一〇〇％、検察官にある。そこで検察官は、「誰がどう考えてもＡはＢを殺しただろう」というレベルまで、徹底的に証拠を集め、裁判所でプレゼンします。

しかし。

現実には、映画・ドラマのとおり、そうした「証拠」を集める仕事のほとんどは、刑事がします。検察官がするのではありません。

　もちろん、検察官自身も捜査官として――すなわちある種の刑事として――それをする権限を持っています。実際に、私たちが「東京地検特捜部」でイメージするように、まったく独自に、そう捜査官そのものとして、最初から最後まで独自捜査をすることもあります。

　しかし第一に、検察官の数は全国で約三、〇〇〇人。警察官は約二六万人……警察官の全てが刑事ではないにしろ、ものすごい単純計算でも実に1対87。ここで、さっきの「1つの捜査本部が」一〇〇人規模の体制にもなる、という話を思い出してください。すると、それぞれの定員の在り方からしても、検察官が、映画・ドラマで刑事がやることを自ら行うのは、不可能です。ちなみに、三重県・山口県・長崎県・鹿児島県の警察官の数が、それぞれ約三、〇〇〇人ジャストに近い（日本最大規模の警視庁なら、なんと約四万三、〇〇〇人）。すなわち検察官が、刑事として全ての犯罪捜査をすることは、数的に無理ですし、しません。

　そして第二に、考証のヌルい警察ドラマと異なり、我が国では、警察官は検察官の指揮監督を、受けません。検察官が直接、警察官に具体的な命令をする、ということは、刑訴法上、ありえないことです。戦前は違いました。戦前は、検察官は捜査の指揮官・捜査の元締めとして、警察官に直接、具体的な命令をすることができました。しかし戦後の改革で、検察官にはそうした具体的な命令はできない旨、検察と警察は相互に対等である旨、そして「犯罪の第一次捜査機関は、警察であること」「犯罪の第一次捜査権は、警察にあること」が定まり、既に定着して長いです。裏から言えば、検察は、自ら第一次の捜査機関として前線に出るのではなく、一歩退いた立場から、刑事裁判を見据えたアドバイスなりチェックなりを、行う機関となったのです（再論しますが、これは、独自捜査ができないということを意味しません、念の為）。すなわち先の例で言えば、AがBを殺した殺人事件の第一次捜査機関は警察ですし、またそれゆえ警察は、自分の責任で、必要な捜査をしなければならない義務を負っている――ということになります。

　これらを要するに。

　捜査をする――つまり証拠により「誰がどう考えてもまずそうだろう、というレベルまで」裁判所を説得する――第一次的な義務があるのは警察であり、具体的には、現場の刑事だということです。もちろん、公判においてプレゼンをして、裁判所を説得するのは検察官です。警察官にはそのようなことはできません。

つまるところ、極めて実務的にいえば、①刑事が現場で捜査をし、②裁判所を説得できるだけの証拠を集め＝検察官が勝てるような武器弾薬を徹底的にそろえ、③検察官に「よし、勝てるぞ!!」という確信を持ってもらい、④現実に起訴してもらい、⑤検察官にプレゼンで勝ってもらい、⑥裁判所に有罪判決を出してもらい、⑦国に犯人を処罰してもらう——これこそが捜査の流れであり、刑事が必ずイメージしている「棋譜《きふ》」であり、刑事の仕事の本質であり、かつ、各段階における目的でもあります。

このプロセスを押さえると、刑事に必要なスキルというのも、解ってきます。

【現場で捜査をする段階】

・状況を証拠にしておくための検証、実況見分、検視など

具体的に現場はどうなっていたのか、死体はどうなっていたのか。はたまた、目撃者の目撃状況はどうだったのか。あるいは、実際に犯行を再現してみたらどんな感じだったのか等々。写真を添付し、図面を引き、ブツをイラスト化することはもちろん、「現場のビビッドな状況」が検事・裁判官・裁判員に理解してもらえるよう、解りやすい言葉で、でも確実に法曹ギルド用語を押さえた文体で、調書にしてゆきます。

・捜査のプロセスが追えるようにするための、捜査報告書の作成

どうやって認知したのか、日々どういう捜査をしていたのか、どうして被疑者が浮上したのか、どうやって凶器の出所を割り出したのか、どういう関係者と接触したのか、行動確認・尾行・張り込みの結果はどうか、ライフライン捜査の結果はどうか、スマホ捜査、防犯カメラ捜査の結果はどうか、官公庁に照会をかけた結果はどうか、これまでのダイジェストはどうか等々。これはレポートですから、無数のパターンがあります。これまた、「捜査のビビッドな進展」が検事・裁判官・裁判員に理解してもらえるよう、法曹ギルド用語と日常用語のバランスをとりながら、解りやすく書面にしてゆきます。

・証言を証拠にしておくための取調べ（被疑者以外）

被疑者以外についても「取調べ」という言葉を遣います。対象は被害者、あるいは参考人。参考人というと、メディア用語の「重要参考人」のイメージがありますが、別段、ネガティヴな言葉ではありません。関係者、第三者くらいのニュアンス。例えば「駄菓子屋のおばちゃんに聞き込みに行ったら、すっごいネタ拾ったので、参考人として取り調べた」というのは、まあ話聞いて婆ちゃんそれすごいよと言いながら面前で書式を出してインタビューしながら調書にする——といった程度の話で、これまさに参考人取調べ。もちろん、被疑者じゃないけれどいわゆる悪い奴、というのも参考人。刑事が外回りをするときは、調書の様式くらいは持ってゆきますので、インタビュー先で調書を巻くこともあれば、警察署に来てもらって調書を巻くこともあります。

そうした、被疑者以外の取調べによって、いわゆる「いいネタ」（目撃情報、人間関係、動機の有無などなど……）、あるいは押さえておかなければならない基礎データ・登場人物データ（被害者がどういう人かとか、被害の状況はどうだったかとか、犯人をどう思うかとか、犯人に心当たりはあるかなどなど……）を、これまた「ビビッドなインタビュー結果」として、検事・裁判官・裁判員に理解してもらえるよう、市民の言葉と法曹ギルド用語の橋渡しをしながら、調書にしてゆきます。

・ブツを証拠にしておくための捜索差押え、領置《りょうち》

コトバは主観的ですが、ブツは客観的で、しかも雄弁です。したがって物証・証拠品というのは、格別の重要性を持ちます。ですので、凶器、遺留品、犯罪に使用された物はもちろんのこと、この世のあらゆる物で、犯罪を証明するために必要なものは、検事・裁判官・裁判員にも見てもらわなければなりません。ブツは口ほどに物を言い――というわけです。そしてブツをして語らせるには、ブツそのものを出すのが一番。

したがって、証拠として必要なものは、まず任意で提出を求め、「いいですよ、どうぞ」と貸してくれたら（任意提出）、「ありがとうございます!!　きっとお返しします」と預かります（領置）。もし任意提出が無理だったら、あるいは捜査手続として強制によることが決まっていたなら、裁判官に令状を出してもらい、「では裁判官の許可も出ましたので、スミマセンが預からせていただきます」と、反対があっても借りてくることができます（差押え）。さらに、領置にしろ差押えにしろ、市民の所有する物を預かるのですから、預り物リストと預り証をお作りする必要がありますし、無事預かってきても、「それがどういうブツで」「どういう特徴を持っていて」「犯罪とどういう関係があって」ということは、裁判所でのプレゼンのため、書面にしておかなければなりません（ブツについて、先に述べた実況見分をし、実況見分調書を、これまた写真・図面・イラスト添付で、作成しなければなりません）。

はたまた、「貸してください」「いいですよ」なんてコミュニケーションが最初から無理なときは——まさに犯人・共犯が持っているとか、正面から攻めたらすぐ隠滅《いんめつ》されるときなどは——この差押えのために、捜索を打ちます。いわゆる「ガサ」です。ガサを打つときにも、裁判官を説得して、許可状を出してもらわなければなりません。すると、裁判官が納得できるだけの証拠と説明が、必要になってきます（ガサ状が下りなかった＝ケッチン喰らったとなると、刑事の大恥になります。「なにやってんだ……」というレベルのポカです）。

・被疑者を証拠にしておくための逮捕

犯罪はヒトが行うものですから、犯罪最大の証拠は、被疑者そのものです。だからこそ、殺人事件の捜査本部は、人海戦術の最大動員で、ヒトを追うわけです。そのヒトは、ブツと違って足と意思があるので、発見できても当然逃げます。ですから、強制的に「ちょっと23日ほど泊まっていってくれるか？」といったプロセスが必要になる。これが逮捕です。すなわちヒトという証拠を、一定期間、確保しておくための手続です。現行犯逮捕以外は、これまた裁判官の令状が必要ですので、「令状下さい!!」というときは、裁判官が納得できるだけの証拠と説明が必要です（これまた逮捕状が下りなかった、ケッチン喰らったなんてのは、怒鳴《どな》り殺されるくらいのスキャンダルで、大コケ。事件によっては警察庁から即時、罵詈雑言《ばりぞうごん》の電話が架かってくるかも知れませんし、すぐに東京へ呼び出し、ガンガンに気合いを入れられる――みたいなこともあり得ます。これは実は、重要事件のガサ状についても一緒です）。

・証言を証拠にしておくための取調べ（被疑者）

映画・ドラマのハイライトの1つですね。さっき、ブツを押さえたとき、実況見分調書で諸々を明らかにしておくと言いましたが、ヒトについてもまったく一緒で、とにかく被疑者の語る言葉を調書にしなければ、何の証拠にもなりません。そもそも後で、検事も裁判官も裁判員も、何も知ることができなくなります。裏から言えば、検事・裁判官・裁判員が「誰がどう考えてもまずそうだろう」「誰が考えても、このAはBを殺したのだろう」と確信できるレベルまで、被疑者の言葉をビビッドに残してゆく必要があります。もちろん、全ての被疑者が犯行を認めるわけでも、雄弁に語るわけでもありませんので（むしろ逆でしょう）、どのように被疑者に自白してもらうかは、まさに捜査のハイライトです。ここで、被疑者の自白がなくとも有罪判決を勝ち取ることはできますし、むしろ捜査のチェックポイントは「被疑者の自白を取り除いたとき、十分に犯罪を立証できるか？」「自白のみに依存しない、客観的証拠を積み上げているか？」ですので、自白だけが最重要視されるわけではありません。

そうはいいながら。

被疑者は、最大の証拠です。犯罪について、いちばん熟知しているのは被疑者です。

最大の情報源から何の情報も得られないとなれば、検事・裁判官・裁判員の「納得」に、大きな影響があるでしょう。

また、自白に関しては、我が国の特殊事情として、まず第一に、「犯罪を立証する上で必要とされる証拠に、被疑者の内心・主観に関係するものが多い」ということが挙げられます。

カンタンな例を挙げれば、故意。あるいは故意の中でも、殺意があったのか、傷つける意図しかなかったのか。はたまた殺人以外でも、「ホニャラカの目的を持ってホニャラカした者は、○年以下の懲役に処する」という規定振りの犯罪があれば（例えば行使の目的、利益を図る目的、損害を与える目的、統治機構を破壊する目的……）、その目的も、被疑者の内心にのみ関係するものです。さらには、裁判所が具体的に刑をジャッジするとき（量刑《りょうけい》）、「ぶっちゃけコイツどれだけ悪いのよ？」「懲役はマックス行っちゃう？　それともかなり割引き？」といった、個別具体的な判断をしなければなりません。それはもちろん、事件によって千差万別になる。様々な事情が――「情状《じょうじょう》」が、犯人ごと全部違うから、当然そうなる。すると裁判所は、犯人のバックグラウンドやメンタリティも、ガッチリ知らなければならない。それはそうです、ヒトを裁くのですから。

しかし昔でいうカツ丼を食わせるような泥臭い仕事を、裁判官がするはずありません。そうした泥臭いことは、刑事がします。となると刑事は、どのみち、裁判官の判断のため、被疑者のバックグラウンドやメンタリティに踏み込まなければなりません。すなわち、裁判所から立証を求められる情状もまた、すぐれて内心に関係するものです。

こうした内心に関係する証拠は、いくら客観的証拠を積み上げても、本人の自白以上の説得力を持たないでしょう。本人の心の内は、本人の言葉でしか説明できないからです。したがって、我が国では、取調べによって「内心・主観」を解明しなければならない局面が、極めて多い。ここに、取調べ官が、全人格的に、被疑者と対峙《たいじ》しなければならない理由があります。

また、我が国の特殊事情の第二として、市民多数が、取調べに「真相解明機能」「改《かい》悛《しゅん》機能」を求めているという点が挙げられます。捜査を通じて真実を明らかにしてほしい、被害者の無念を晴らしてほしい、被疑者がもし本当に犯人ならしっかり反省してほしい――日本人は、捜査手続において「正義」を強く求めます。そして、先に述べたように、実は捜査に第一次的な責任を負うのは、警察であり刑事です。そうなると、取調べ官には、ものすごいプレッシャーが掛かります。とりわけ重要特異事件においては、国民世論もメディアも過熱しますから、市民の期待を一身に背負って、これまた全人格的に、被疑者と対峙しなければならない。これは、欧米とまったく異なる特色です。欧米は極論、『捜査段階の被疑者なんてクロ五一%、シロ四九%。決着は裁判でつければいい。裁判は検察官と弁護人のパワーゲーム。その結果は真実とは限らない。まして犯人が反省するかどうかなど、捜査機関・裁判所の知ったことではない』——といった考え方を持っています（ちなみに、私はフランス警察にも勤務したことがあります）。

このように。

我が国における取調べは極めて特殊なもので、「ただブン殴ってゲロさせる」みたいな単純な図式ではとても説明できません。そもそも「ただブン殴ってゲロさせる」刑事に調べ官など務まりません。調べ官には、人生経験、職業経験、判断力、共感力、想像力、応用力、即応力、忍耐力、そして体力……すなわち「人間力」が必要だからです。取調べ官もまた、被疑者に、全人格的に試されますし。

ゆえに調べ官は、やはり刑事の花形で、あこがれで、時に地獄の苦しみです。

——以上が、現場で捜査をする段階で、刑事に求められるスキルです。

【検事・裁判官を説得する段階】

さて、現場で捜査をする段階において、証拠が煮詰まってきますと――警察が煮詰まってきたなと感じると――いよいよ、検察官とのネゴシエーションが必要です。起訴は検察官にしかできませんし、起訴がなければ当然、裁判も有罪判決もないからです。すなわち検事が起訴しないということは、警察の不戦敗を意味します。

先に、検事は警察官に命令できないと言いました。しかし命令できないことと、言ってみれば「決裁権を持っている」「ゲートキーパーである」ことは、矛盾なく両立します。すなわち、検事は警察捜査にあれこれ口出しできませんが、捜査結果が起訴に値するかどうかを審査する、事実上の決裁権を持っています。次の段階への鍵を持った、ゲートキーパーなのです。検事からすれば、起訴するのは自分で、公判を維持して有罪判決を勝ち取らなければならないのも自分なので、警察が持ってきた「ストーリー」と「証拠」を、厳しく吟味《ぎんみ》するのは当然です。

したがって、警察は、最も早ければ事件の情報・概要を入手した段階で、検事と協議をします。捜索差押え、逮捕などの強制捜査をするとなれば、なおさらです。実に様々なタイミングで、担当検事とああでもないこうでもないと、丁々発止《ちょうちょうはっし》の議論をします。

もちろん、お互い目的は一緒――「悪い奴に、刑罰を科する」ことです。しかし、ともすれば警察は「絶対にやりたい、コイツ懲らしめたい、すぐやりたい、証拠はそろってる」となりがちですし、ともすれば検察は「もう少し冷静に、法律的に考えろ、ここも、ここも、ここも穴だらけじゃないか、とても公判では戦えないぞ」となりがちです。

警察と検察とは、1つの組織の中にはありませんが、概してこのようなものです。警察署で日常的に処理する事件であれば、丁々発止の議論というのはあまりありません。ただ、いきなり担当検事から電話が架かってきて（組織が違うわりには内線電話が通じてますので、かなり油断して受話器を取ってしまうのですが）「あんた何年刑事やってるの!!　強制わいせつで抗拒不能《こうきょふのう》が調書に出てないなんてあり得ないでしょ!!　こんなデタラメな調書があるか!!」とか気合いを入れられたりします。まあこっちも「検事さん、落ち着いてよく読んでくださいよ、ホラめくって4枚目くらい、ちゃんとドアのガラス面に押しつけられるほどの力で云々ってくだり、あるっしょ」とか言い返したりして、まあ和気藹々《わきあいあい》と（?）コミュニケーションを図ります。これはもちろん「命令」を受けたわけでも「抗命」をしたわけでもなく、そして語気はともかく、ただ「連絡」を受けて「調整」を図ったわけです。お互い対等なのが、タテマエですからね。

他方で、これが重要な事件になりますと、初期段階から、刑事が地検に出かけていって、諸々のプレゼンをします。誰が行くかは様々で、事件について一番知っている担当刑事がサクサクッと行ってしまうこともあれば、とりまとめの係長（警部補）がどっこいせ、と行くこともあります。しかし新聞にデカデカと載ることが予想されるような重要事件であれば、少なくとも捜査主任官（警部）、あるいは管理官（警視）がまさに協議・検討会というノリで出陣してゆきます。ただ、私が知っている不文律、あるいは私自身がやってきた経験では、警察本部の課長（警視以上）自らが、随行なしで、ひとりで、検事とやり合ってくるのが指揮官の誇り――みたいなノリがありました。よいことだと思います。その分、管理官も主任官も現場の刑事も、捜査に専念できますので。

検事との協議では、やはり「ここの詰めが足りない」「ここをもっと捜査してほしい」「ここの組立ては無理」「この筋読みは甘過ぎる」「そもそも罪に問えない」「これはむしろ違う罪、違う法令違反に問うべきではないか」「法律の解釈本ではどうなっていますか」「判例ではそれはギリギリのラインですね」「他府県警察での検挙事例はあるの」「着手はかまいませんが起訴は無理です」等々、いわゆる擬律《ぎりつ》判断とか、証拠評価とか、立証構造といった内容面の指摘がなされますが（これも命令・指導ではなく「助言」になります）、査定部門は何を言ってもいいわけですから、「いま○○事件で手一杯だから、着手は半年後ね〜」とか、「あっ、僕その時期夏休みなんで、ズラしてもらわないと」なんて、膝《ひざ》がガクッとなる「助言」もあったりします。まさにこういうとき、こっちが刑事、係長となると、「お話は承りました、持ち帰って検討します」となってしまうので、民間でもそうでしょうが、最初からランクを上げておくか、徐々にランクを上げていったりします。いよいよ警察本部の部長（警視正）が乗り出す、ということも経験しました。また、経験してはいませんが、警察本部長（警視長以上）と検事正のトップ会談、ということもあるでしょう。

とりわけ、検事からの内容面の指摘（助言）については、いわば宿題で、それをクリアしなければ着手できませんから（してもかまわないが、起訴してくれないから意味が無い）、捜査本部なり事件係の総力を挙げて、必死に処理します。それは、もちろん現場警察官による補充捜査となりますが、草の根分けて法令の解釈を探したり、いい判例を引っ張り出してきたりする頭脳戦にもなります。頭も足も体力も、そしてネゴシエーション・スキル（粘り、硬軟、根性、駆け引き、勝負勘）も総動員することになります。

さて、いよいよ査定部門の合意が得られて、「事件の詰めはよろしいでしょう、このとおり推移すれば起訴しましょう、着手の時期はこうしましょう」ということになれば、協議終了です。もちろん着手後も、ガサを打ったらどうだったか、逮捕した後の供述はどうなっているか、押収資料の解析結果はどうか……等々を、緻密《ちみつ》に連絡します。起訴を決断してくれた検察官を、今度は公判維持という観点から、全力で支えなければならないからです。もちろん検事も、着手後、あれはどうなっている、これはどうなったと、時にソフトに、時に怒鳴りながら「連絡」「助言」してくる。

以上が、検事を説得する段階で、刑事に求められるスキルです。

なお、必ずしも起訴を目的としない刑事／部門もありますが、それは稿を改めます。

次に、そうしたネゴシエーション・スキルは、実は裁判官に対しても、必要になってきます。これは、現場の刑事から班のキャップ（警部）に至るまで、必要です。というのも、先述のとおり、令状請求の問題があるからです。

令状請求が必要な局面とは、すなわち強制捜査の局面で、さらにすなわちガサ、逮捕、検証、あるいは採血・採尿といったものですが、任意では目的が遂げられないから強制にするわけで、つまりいずれも重要局面です。また、どれも「討ち入り」の性格を持ちますから、それまで秘密にしてきた捜査が、強制になると、露見する。それはそうです。逮捕されれば、被疑者は、自分が捜査されていると解る（アタリマエ）。ガサをされても同様です。自分が捜査対象であると解る。だから強制捜査は、伏せてきた切り札をオープンにする勝負といえます。

この勝負に出るためには、憲法上、裁判官の令状が必要。

すると今度は、裁判官が査定部門になるわけです。

そして日本の裁判官は、まさかバカでも警察の言いなりでもありません。それはそうです。令状は「許可状」なのですから、ハンコを押してしまえば、警察の強制捜査を許可したのは自分自身。ゆえにそこに判断ミスがあれば、今度は裁判官自身の責任が問われます。だから令状審査は、まさか形式でも儀式でも馴れ合いでもありません。どんな裁判官であっても、デタラメな請求であればもちろん、内容不十分・要件不充足と思えば即座に「却下」します。とりわけ法令の求める要件が整っていなければ、却下しなければなりません。

――いざ切り札をオープンにしようという重要局面で、「却下」などとなれば、勝負そのものができなくなります。流局《りゅうきょく》、敗着《はいちゃく》になる。

こうした事情は、逮捕状についても一緒です。逮捕状ともなると、これを請求できるのは警部以上ですが。

ゆえに、現場の刑事であっても、例えばガサ状を請求するときは、プレゼンのための書類一式をキチンとまとめ上げ、クライアント（裁判官）から訊かれるであろう質問を想定し、あらかじめ説明の組立てをしておき、面前で確実に、商談を成立させる必要があります。そこでは当然、捜査手続に関する知識も、事件そのものに関する知識も必要ですし、それを第三者に解りやすく、ツボを押さえて説明するスキルが必要です。クライアントが法令のプロフェッショナルだということも、十分意識しておかなければならないでしょう。

——以上を、まとめてみましょう。

右に述べてきた刑事のスキルについても、第1章で触れた話（想像力、共感力、気働き）と、実は全く一緒だと考えます。すべては地続きです。というのも——

ある事件がある。目的は有罪判決である。そのミッションを達成するために、段取り、組立てを考える。時にタスクフォースを作る。タスクを分担する。分担したタスクについて、顧客（被害者、参考人、被疑者、検察官、裁判官……）とのコミュニケーションをしてゆく――第1章の話の、具体論そのものですよね。

もちろん刑事は専務ですから、ギルドのプロとして、捜査手続法に通じていなければなりませんし（専門知識）、捜査実務のイロハは諳《そら》んじていなければなりませんし（専門実務）、「ネタ拾ってくるまで帰ってくるな」「事件をやらない刑事は、刑事じゃない」という根性（専門意識）が必要ですが、そうした素養を基盤とした上で、どう顧客を「落とす」か。これがとても重要だと、私は思うのです。

そう、どうコミュニケーションをするか。そして、どう説明するか。これがキモです。

刑事の仕事というのは、検視官であれ鑑識係であれ調べ官であれ、あるいは聞き込みその他の基礎捜査担当ならなおのこと、死体の／ブツの／被疑者の／市民の話を聴き、そのナマの声を刑事法の言葉に翻訳して証拠にし、それを要所要所でプレゼンする。そして、最終的には有罪判決を勝ち取る。そういう仕事だからです。

このキモは、時代がどう変わろうとも、刑事にとって最も大切なものです。

逆に、これを欠く刑事は、たとえ調書に矛盾があろうとも、供述に矛盾があろうとも、それを「納得できるまで」説明しようとはしません。「そういうこともあるだろう」「いや別におかしくはない」「きっとこういう話だったのだ」と、疑問を疑問のまま、矛盾を矛盾のまま放置します。よって時に、「そんなこと常識では有り得ないだろう!!」「人間がこんな細かいことを記憶しているものか!!」——といった、恐ろしい調書が仕上がってきたりもします。

それが果ては、誤認逮捕・無罪事件といった大失敗に、つながってゆく。

——繰り返しているように、刑事の最終のミッションは「有罪判決を勝ち取ること」ですが、それはもちろん、犯人に対する有罪判決です。無辜《むこ》を犯人に仕立て上げよう、などと考える刑事は、日本に1人もいません。これは、正義感云々以前の問題です。

まあ、どんな目的・意図があるのか想像もできませんが、いざ無辜をハメるとして、それによって得られるメリットと、それに費やさないといけない仕事量、そしてそれがバレたときに被るデメリットを天秤に掛けたとき、あまりにもバカバカしいからです。

だから、故意の冤罪《えんざい》というものは、日本では絶対にありません。

無罪事件なり誤認逮捕は、すべて過失です（もちろん、許されない過失です）。

そしてその過失の本質は、「裁判官に対するプレゼンの失敗」であり、すなわち裁判官に納得してもらえるだけの捜査を尽くしていないことであり、またすなわち、詰めなければならない点を詰めていないことです。だから元々、起訴を求められるレベルのものではなかったし、時に逮捕すらすべきものでもなかった。安易に「コイツは犯人だ」「コイツを罰さなければならない」という結論を、出してはならなかった――

この安易さは、ほとんどが「誰もが疑問に思うことを、なぜか放置した」「明らかに矛盾するのに、なぜか放置した」ということから来ます。それは、無罪事件の判決を五、六も読めばすぐ分かります。

予断・先入観を持たずに、そのモノの声を聴くこと。

疑問があれば徹底的に解消し、誰にでも説明できるようにすること――

刑事、警察官とはいっても、社会人の仕事の基本はやはり、変わりませんね。

第3章　警察組織の掟

「警察」とは何か？——組織の面から

そもそも、警察とは何でしょうか？

私たちが「警察」としてイメージしているのは何か——というと、それは今の日本のケイサツという会社でしょう。

これは実は、警察庁＋都道府県警察という会社のことであり、より正確に言えば、国家公安委員会＋警察庁＋都道府県公安委員会＋都道府県警察、という会社です。

もうこの段階で、話が複雑になり始めましたね……

それも当然で、我が国には、「今の日本の警察とは何か？」を教える大学も、それを正確に示す書籍も、ほとんどないからです。実は行政法の一分野に「警察行政法」というジャンルがあり、そこではその議論がキチンとなされるのですが、一般の大学教授はこれに興味ありませんし、ゆえに、法学部生であっても触れることがない。まして、一般の市民がキチンと「今の日本の警察とは何か?」を知る機会というのは、皆無に等しいでしょう。

そこでこの章では、「今の日本の警察とは何か?」を、ケイサツという会社の観点から——つまり組織の面から、平易に見てゆくこととします。

日本警察の仕組み——アウトラインと「ヌエ」

我が国の警察制度の大本を決めているのは、警察の憲法とでも呼ぶべき「警察法」という法律です。実はこれを読めば、日本警察の仕組みはほぼ全て解ります。よって、これをかいつまんで説明するのが、いちばん手っ取り早い。

このうち、警察官になると、まず真っ先に叩き込まれるのが「警察法第2条」です。というのも、これが日本警察の責務=日本警察のミッションを規定しているからです。すなわち、警察法第2条のミッションを課され、これを果たすのが日本の警察だ——というわけです。したがいまして、このケイサツホウニジョウ、という言葉は、とりわけ警察官が役所仕事をするとき、必ず唱える御題目《おだいもく》といえるほどメジャーな言葉になっています。

では、その警察法第2条にいう、警察の責務とは何か——

それを、条文そのものでなく、日常の言葉で表現してしまえば、「①公共の安全と秩序の維持＋②個人の生命・身体・財産の保護」の2つです。警察官ならば、警察庁の役人であろうと現場警察官であろうと、第2条第1項のその部分を、正確に暗唱すらできるでしょう。これはそれほど、警察行政法のイロハのイです。ちなみに、①②の責務の重さに優劣はありません。パブリックな、社会・公共に着目した治安維持と、よりプライベートな、国民・市民に着目した安全維持が、いずれながらに重要な、警察の責務のツートップというわけです。法律でそう、定められているわけです。

ここで。

我が国のお役所については、「タテワリ行政」ということがよく言われますね。極論、市役所で隣に座っているA事務官とB事務官が、全く別の仕事をし、お互いの業務の内容をよく知らなかったりもします。ただこれは、役所としてはむしろ当然のことです。というのも、「どの役所が／誰がその業務に責任を負っているのか？」を明確にしておかなければなりませんし、A省もB省も一緒の業務ができるとなると、どっちの言うことが正しいのか、どっちの判断が優先なのか問題になる。いえそれ以前に、二重行政で、ぶっちゃけ税金の無駄です。したがいまして、我が国では、およそ全ての行政事務は、必ず、最終的には、どこか1つの役所に担当されることになる。

よって、先の「公共の安全と秩序の維持＋個人の生命・身体・財産の保護」という行政事務も、どこか1つの役所に担当されることになります。その役所が、「警察」というわけです。二重行政はありえないので、この責務を負う役所は、警察だけです。事実、どの役所の法律を読んでも、これをそのまま任務としている役所は、1つもありません。

それでは。

その警察法第2条のミッションを委ねられた、「警察」とは何なのか？

これも実は、警察法が、とても詳細に定めています。

先ほどもチラリと触れましたが、警察法にいう警察とはすなわち「①国家公安委員会＋②警察庁＋③都道府県公安委員会＋④都道府県警察」のこと。この①～④の総体が日本の警察であり、また、この①～④のそれぞれが警察を構成するものです。とりわけ②と④については、私たちが映画・ドラマから形成するイメージそのものではないでしょうか。

――ではこの組織を、もう少し詳しく見てみましょう。

まず①②は、国の機関です。国家公安委員会は、5人の委員と1人の委員長（委員長は大臣）から成る、いわゆる行政委員会で、公正取引委員会とか、原子力規制委員会といったものと同類。すなわち中央省庁です。おまけに②も、国の機関です。これは警察庁長官を社長＝事務次官とする、国家公務員から成る中央省庁。財務省、経産省、総務省、外務省といったものと同類です。

ところが、③④は、地方の機関です。正確には、都道府県の機関です。都道府県公安委員会は、その都道府県の規模に応じ3人～5人の委員によって構成される、やはり行政委員会。都道府県教育委員会の同類ですね。都道府県警察は、都道府県警察本部長を社長とする（だいたい副知事くらいだと思っていただいてよいです）、地方公務員から成る都道府県の役所。細かい議論を省略すれば、県庁の各局・各部と並びの特殊な機関、といった感じでしょうか。

――このように、警察組織の議論を解りにくくしているのは、ヌエ性です。キメラ性、とでもいいますか。

すなわち第一に、警察法第2条の責務を委ねられた「警察」は、さらに「国の警察＋

地方の警察」に分類される（①②／③④）。そして、それぞれが絶妙なバランスで、仕事を分け合っている。これは、働いた者が体感的に理解する以外に、なかなかイメージがつかみにくいヌエ性です。

ところが第二に、警察法第2条の責務を委ねられた「警察」は、さらに「管理機関＋実施機関」に分類される（①③／②④）。これまた、それぞれが芸術的なバランスで、仕事を分け合っています。その絡繰《からく》りを考えたのは誰だ、と思うほど巧妙で、ひょっとしたら狡猾《こうかつ》なヌエ性がある。

国の警察と地方の警察

国家公安委員会・警察庁は国の役所。働いているのは国家公務員。都道府県公安委員会・都道府県警察は地方の役所。働いているのは（基本的には）地方公務員――

これは実は、戦後にできた仕組みです。戦前の警察はすべて国の機関で、働いているのはすべて国家公務員でした。また公安委員会は、ありませんでした。いわゆる「国家警察」というスタイルです。例えば、フランスは今もこの国家警察スタイルをとっています（まあ、戦前の我が国がフランスを模倣したので、当然といえば当然ですが）。

その戦前の、国家警察スタイルが大改革されたのは、御想像のとおり、敗戦と占領の結果でした。というのも、戦前の国家警察は、「内務省」というバケモノ官庁の精鋭部隊として、まあ良くも悪くも猛威をふるっていたからです。悪名だけが高い「特高警察」というのも、内務省の一部門で、すなわち国家公務員の国家警察でした。

それを、合衆国というか、ＧＨＱが愉快に思うはずありません。当然、「民主的でない!!」「権力が強大すぎる!!」「前科もある!!」と反感を持つ。まして合衆国自身は、そもそも戦前から、「自治体警察」というスタイルをとっています。昔、『刑事コロンボ』というＴＶドラマがありましたが、主人公は、ロサンゼルス市警の警部補《ルーテナント》でしたね。すなわち合衆国は、フランスのスタイルとは全然異なり、ロサンゼルス市ならロサンゼルス市が独立した警察を持つべきだ――という思考パターンをし、現実にそれを制度としていたわけです。

そこで、フランス流だった戦前の日本警察は、敗戦を機に、アメリカ流に改革されることとなった。それも、ドラスティックに。すなわちいきなり、「自治体警察」「市町村警察」が導入されることとなったのです（旧警察法）。

よって戦後の一時期、我が国には「Ｘ市警察」「Ｙ町警察」「Ｚ村警察」という、別個独立の警察組織が濫立《らんりつ》しました。今の、市町村消防と仕組みはほぼ一緒です。

ところが。

まず数が多すぎる。平成29年の今でさえ、「X県警とY県警は犬猿の仲で……」みたいなことが囁《ささや》かれますが、制度スタートの時点で約一、六〇〇もの競合他社ができたとなると、とりわけ戦後の混乱期ですし、事件・場所の管轄でモメるだろうなあ、というのは想像に難くありません。また、X市警察とY町警察で言っていることが全然違ったり、極論、制服（あるいは警察手帳とか？）まで別々のデザインにされてしまっては、市民の側も恐ろしく不便でしょう。加えて、警察の仕事は無尽蔵《むじんぞう》にありますので、人件費も装備費も捜査費もバカになりません。なのに、人口一〇万人の市でも、人口五〇〇人の村でも、必ず警察を設置して必ず独自財源で賄《まかな》ってもらう……とすれば、たちまち財政破綻する市町村が出るのは、目に見えています。事実、そうでした。

よって、この旧警察法に基づく、アメリカ式の自治体警察（市町村警察）は、たちまち自己破産というか、「お国に返上させていただきますね!!」と廃止されるようになり、これが今の警察法（新警察法）による大改革につながってゆきます。ちなみに、新警察法が制定されるまでの間にも、当初約一、六〇〇あった自治体警察は、約四〇〇にまで減っていました。

では、今の警察法は、どのような大改革をしたか？

戦前の国家警察でもない、混乱の市町村警察でもない、第三の選択をしました。

それが平成29年の今まで続く、「都道府県警察」の制度です。すなわち——

まず、国家警察に戻すことは適当でない。市町村警察は、ぶっちゃけ合衆国の「民主的改革」によって生まれたものなので、合衆国の目の黒いうちは、まさか戦前の仕組みにもどしますね～、などとは言えない。冗談めいたことを抜きにしても、「地方でできることは地方に」というのは、極めて現代的なセンスですし、警察の仕事というのは、刑事の聞き込みでも交通取締りでもそうですが、地域社会に密着しているものが多い。仕事の特性から、警察組織は「地方自治型」とよくなじむのです。これは、合衆国の言っていることが正しい。

ところが。

市町村警察を市町村に強いるのは、無理。その規模だと、例えばデモ規制どころか雑踏警備にすら支障が出るでしょう。災害警備などもってのほか。あるいは捜査能力、取締能力といったノウハウにも、大きな差が出てしまう。もちろん先述の、財政上の問題も深刻。

そこで。

市町村警察を廃止し、その仕事をすべて、四十七の都道府県に吸収させることにしたのです。これによって、財政基盤を安定化させ、ある程度の広域にわたる標準化を図り、スケール・メリットを確保することができる。もちろん都道府県は地方自治体だから、それぞれの経営戦略・経営判断に応じた組織運営もできる（地方自治）。

よって昭和29年、警察の憲法である新警察法が制定され、私たちが馴染んでいる「北海道警察」「大阪府警察」「神奈川県警察」といった組織が、誕生したのです。これが都道府県警察であり、地方の警察です。重ねて、地方の役所ですから、そこで働いているのは基本、地方公務員です（これは、市町村警察と変わりありません）。

ところが。

都道府県警察にも、もちろん難点はあります。

第一に、大阪と北海道で、例えばパトカーや警察手帳がまるで違ったらどうなるんだ、といった問題は、市町村警察と変わりませんね。はたまた、香川では殺人の捜査を「さぬきスペシャル捜査課特捜班」が行って、鹿児島では「殺人すぐやる課特命分室」が行う、などと、下手な警察小説みたいな組織名が濫立《らんりつ》すると、市民としては「?」となってしまう。警察官の教養・訓練も、群馬と埼玉でまったく別メニューが組まれれば、警察のサービスに大きな差が出てしまいます。

第二に、警察の仕事は極めて特殊ですから、どの中央省庁も現場の実態は分かりません。現場の実態が分からないと、現場のニーズに応じた法律を作ったり、それぞれが援助を求めているときにテキパキと動員計画を定めたり（災害警備など）、全国で無数に貯蔵されている情報、ノウハウ、失敗事例などを収集・分析・共有・活用することが、できなくなります。言い換えれば、都道府県警察制は、全国的な束ねを欠くことになる。

そこで、中央省庁の1つとして設置されているのが、警察庁です。

国の機関である警察庁は、全国的な見地から、都道府県警察制度の難点をフォローすべく、警察の組織の基準を定めたり、警察装備のスタンダードを決めたり、警察教養の基本メニューを考えたり、より一般的には、全国警察が働きやすくなるような政策を立案するところ。まさに参謀本部です。もちろんそれは、他の省庁同様、「法令の制定・改正」「予算の要求・執行」「定員の要求・整備」「組織の要求・整備」「関係省庁との協議・合意」といった、いかにもなお役所仕事を通じてなされます。

以上が、我が国における、国の警察と地方の警察のアウトラインです。

管理機関と実施機関——公安委員会の「管理」

国と地方がヌエ的に混ざっている我が国の警察ですが、もう1つのヌエ的な、そしてさらに解りにくい制度が、公安委員会制度です。ざっと概略を見てみましょう。

まず、普通の役所だったら、トップがいて（大臣、知事、市長など）、部下への指揮監督権・命令権を持っています。裏から言うと、公務員には、法令上、そうした上司の職務上の命令に従う義務があります。ここで、国の省庁を例にとれば——例えば財務省——トップはもちろん財務大臣。そして財務省の職員（国家公務員）は、すべて財務大臣の命令に従うことになる。理屈は市長と市職員でも一緒です。

ところが。

これを、警察組織にダイレクトに適用するわけにはゆきません。

というのも、組閣とか内閣改造とかの様子がTVで流れるとおり、大臣とは総理に任命されるもの——当然、与党の国会議員が中心になるものだからです。ここでは、大臣が与党の代議士だと仮定しましょう。

与党の代議士が、財務省の大臣になる。ここには問題ありません。

しかし、与党の代議士が、警察担当の大臣になったら、どうでしょうか？

政敵もいれば、政争もある。もちろん選挙もある。党派と有権者を意識した政策を、実現しなければならない立場。そして大臣は、公務員に命令ができ、公務員には、上司の命令に服する義務がある。もちろん警察官は、公務員です。すると、警察組織の三〇万人が、すべて直接、ある与党代議士の意のままになる……

そんな警察を、国民が信頼するでしょうか？　否《いな》です、絶対に。

裏から言うと、警察は、「政治的中立性」を、絶対に捨ててはならない。政治警察になることだけは、絶対に避けなければならない。何故といって、警察が不偏不党《ふへんふとう》・中立であることが、納税者の信頼と協力の基盤だからです。それは警察と市民の、いちばん基本的な契約といってもいい。

すると。

大臣なり代議士なりの命令権を、封じるギミックが必要になる。

ところが……

今度は、政治の側から考えましょう。ここに、三〇万人の実力部隊・実力組織がある。

それへの命令権が封じられれば、ぶっちゃけ、かつての軍部と一緒です。民主主義によって選ばれた総理大臣、その総理大臣が任命する大臣のコントロールすら利かないとなると、さてどうなるか。

三〇万人（あるいはそのトップなど）の御機嫌がよいとき、廉潔《れんけつ》なとき、正義感が強いときはまだしも、士気が低いとき、腐敗しているとき、はたまた独自に政治的な動きを始めたとき――暴走を始めたときに、歯止めが利かない。命令権がないから。じゃあ予算を削ったり定員を削ったり、あるいは警察の権限を縮小する法律を作ろう――と考えても、敵は自衛隊とならぶ実力集団です。最悪、二・二六事件のような、暴力的な手段に訴えてくるかも知れません。そうでなくとも、政治的に中立でない三〇万人は、立派な票田・圧力団体になりえます。今度はこの暴走集団が、進んで政争を仕掛けてくるでしょう。

これを要するに。

政治の側に、命令権を与えるのはマズい。警察の政治的中立性を侵すから。

でも政治の側が、手出しできないのもマズい。警察が暴走したとき何もできないから。

そこで編み出されたのが、「公安委員会」というギミックです。

すなわち、公安委員会とは、①警察の政治的中立性を保つと同時に、②警察を管理する政治の責任を明確にするための、そう、ベクトルが正反対の目的を達成するための絡《から》繰《く》りなのです。もちろんこの政治の責任とは、民主主義の正統性とも重なります。

ここで今、「管理」という言葉を出しました。まさにこれが、公安委員会のキモ。説明の便宜《べんぎ》のため、国家公安委員会から話をしますと——まず、この6人の委員会は、中央省庁です。そして例えば「内閣」と一緒で、6人が6人で1つのモノ、1つの存在。5人の各委員は、総理が任命します（政治のコントロール1）。この任命に当たっては、衆議院・参議院の同意を得なければ——多数決でその人事が認められなければ——なりません（政治のコントロール2）。また1人の委員長は、必ず大臣で、もちろん総理が任命します（政治のコントロール3）。よって、政治の側は、内閣にしろ国会にしろ、委員の人選そのものによって、警察を統制することになります。民主主義によって選ばれた側が、その民主的正統性によって、警察を統制するとともに、最終的な責任を負うわけです。

そして構成された国家公安委員会は、多数決によって警察を「管理」する。

ここでのポイントは、この「管理」とは、命令権でも指揮監督権でもないということ。

すなわち国家公安委員会は、警察に個別具体的な命令をすることが、ほとんどできません。というのも、「管理」とは、カンタンにいえば、①事前に事務のアウトラインを示したり、②事前に事務のアウトラインの報告を受けたりして、③だいたいこんな風にやりなさい、と意見を述べ（「大綱方針《たいこう》を示す」といいます）、④事務が終わったあとにその報告を受け、⑤それについて意見を述べる――ということだからです。そこに、強制的に従わせるニュアンスも権限も、ありません（警察の中立性の確保1）。またさらに、実は、大臣である委員長は、なんと委員ではないのです（中立性の確保2）。委員長が委員でない組織というのも、なんとまあ……という気がしますが、これは法令上そうなっている。おまけに、この委員長は、多数決に参加することすらできません（中立性の確保3）。ですので、「管理」の在り方を最終的に決定するのは、5人の委員だけ。万一、可否同数となったときだけ、委員長に表決権が与えられますが、そうでもなければ、委員長の仕事というのは……担当大臣として国会で喋《しゃべ》ったり記者会見したり（委員会の表看板）、訓示をしたり大臣の事務仕事をしたりといった感じ。もちろん議事を主宰し、議事に参加するわけですから、影響力は強いでしょうが、他の中央省庁の大臣――バンバン命令ができる――と比較すると、ちょっと特殊な「大臣」です。

話は、都道府県公安委員会——例えば長野県公安委員会——でもあまり変わりません。都道府県警察は、都道府県の組織ですから、例えば県庁の一部局のようなもの。とすれば、普通は、最高責任者である知事の指揮監督なり命令が及ぶはずですが、さっきの理屈と一緒で（知事は選挙で選ばれる政治職）、知事に命令権を与えることはできません。しかし、警察の独走・暴走は防ぐ必要がありますし、都道府県の治安責任は、最終的には、選挙という民主的な手続で選ばれた、民主的正統性を有する知事にあるべきです。

よって、国のギミックとほとんど同様に、「都道府県公安委員会」（例えば、京都府公安委員会）というものを置き、その委員（都道府・大規模県は5人、その他は3人）を知事が任命することとされています。その任命に当たって、都道府県の議会の同意を得なければならないことも、国のケースと一緒です。その都道府県公安委員会ができるのも、やはり都道府県警察の「管理」。大綱方針を示し、報告を受け、意見を述べるなどするやり方。警察を強制的に動かすことは、できないようになっています。なお、都道府県公安委員会には、まさか大臣はいませんから、委員長は委員の互選で決めます。大きな違いは、この人はもちろん委員そのもので、普通に多数決の表決権も持っています。

この委員長の在り方くらいですね。

幾許《いくばく》かの実態論を、述べると——

国家公安委員も都道府県公安委員も、いわゆる有識者から選ばれます。現在の国家公安委員を見ますと、大学教授の先生、共同通信の元理事さん、銀行の取締役さん、元大使、不動産協会の理事長さんとなっていて、官民学のバランスをとっています。事情は都道府県公安委員でもあまり変わらず、やはり大学教授の先生、弁護士先生、元裁判官、地元銀行・地元企業の元役員、お医者先生などなどが選ばれます。

そして国でも県でも、週に1回、公安委員会が開催され、公安委員会のメンバーはもちろん、警察側の役員クラスがずらっとそろって、諸々の御説明・御報告をし、あるいは御決裁をいただくことになる。ここで、命令権があるラインでもないのに「決裁」案件があるのは、法律・条例に基づいて、「この仕事は公安委員会が直接やりなさい」とされているタスクがあるから。解りやすいのは、お手元の運転免許ですね。御覧になっていただければ一目瞭然、発行者というか許可者は、都道府県公安委員会のはずです。あるいは、キャバクラへ行ったりぱちんこで遊んだり、もっと身近にはゲームセンターで音ゲーでもするとき、お店の営業許可証を探してみてください。これまた、許可者は都道府県公安委員会のはず。

このように、都道府県公安委員会自身のタスクもそれなりにありますので（しかも重要）、都道府県公安委員会の名前で何かをしなければならない、していただかなければならないときは、その御決裁が必要となるわけです。

いずれにしましても、週１の公安委員会というのは、意外に重みのある行事です。「議会の同意まで得て、総理／知事に選ばれた民主的正統性のある方々に、警察の仕事を理解していただき、御意見を頂戴する」場ですから。もちろん相手はほぼ素人。まして、説明したこと――「大綱方針」や「処理結果」――につき納得をしてもらい、少なくとも多数決で了解をしてもらわなければならない素人さんです。

ところが、素人の素朴な疑問というのは、意外に物事の本質を突くものですし、まして「官民学のそれぞれのスペシャリスト」として、功成り名を遂げた人々ともなれば（生き馬の眼を抜く競争を勝ち抜いてきた、辣腕《らつわん》経営者だっているでしょう）、物事につき一家言《いっかげん》ないほうがおかしい。役人上がりの人であれば、警察については素人でもお役所の掟については神様級でしょうし、弁護士先生ともなれば、そんじょそこらの警察官より法律的に弁が立つ。誤魔化しはきかない……

そんなこんなで、「議案が引っ繰り返ることが不祥事」という日本の組織文化ともあいまって、公安委員会というのは、よい意味で警察を引き締めるセレモニーとなっています。例えば委員会にかける「公安委員会資料」など、たったの1枚紙がフィックスされるのに3日4日がかりということもあります。まして法令絡みの案件、決裁案件ともなれば（条例案を作る、規則を制定してもらうなど）、今度は身内の恥というだけでなく、市民の権利義務に直結するので、ますます関係書類の作成などがシビアになる。もちろん「御説明役」の役員級警察官に振り付けをする事務方警察官は、まさか上司に赤っ恥を掻《か》かせるわけにもゆかず、レクチャーの万全を期す。

意外なようですが、「絶対に来週の公安委員会を通さないと間に合わない、首が飛ぶ!!」という案件は実は少なくなく、その重要性・緊急性が高ければ高いほど、事前のレクなり根回しなりのコストも、どんどん上がってゆきます。

はたまた、公安委員の先生も、別に週1回の機会だけでいろいろ意見を言うわけではありません。オフィスに登庁されているとき、ふと思いついたこと、ふと訊いてみたいことができたら、すぐさま警察電話で訊いてしまえばよいわけで、そうしますと、御下問を受けた警察としては、直ちに、少なくとも準備ができ次第すぐさま、御説明に参上する必要が生じます（相手は総理／知事が任命したセンセイですから……）。

ですので、よく言われる「公安委員会はまったくのお飾り」という話は、あまり的を射ていません。いくらラインではない管理機関とはいえ――いえラインではない御意見番だからこそ、「それに逆らって何かをする」というのは、役人としてポカ、下手打ちそのものだからです（会議録も公開されてしまいますので、「了解がもらえなかった」ということは、あっけなく市民に知られてしまいます）。お飾りと軽々しく言えるほど、舐めてかかってよい組織ではありません。

ただもちろん、派手な治安事象が何もなく、とりたてて問題にすべき課題もなく、とりわけ小規模県だったとすれば（委員は３人で地元人）、部長＝警視正クラスも「あ～あ、ちょっくら公安委員会行ってくるわ。何もなかったよな？」みたいな感じでブラブラ会議室へゆき、「いや～なかなか梅雨が明けませんな～」とかいった茶飲み話のノリで会議を終えて帰ってくる、ということはありえます。逆に、まさに不祥事が続発して市民からの非難が囂々《ごうごう》、ともなれば、終戦時の御前会議みたいになるかも知れません。要は、情勢と状況による、ということです。

管理機関と実施機関——「実施」を担当するケイサツ

さて、話をもう一度ふりかえりますと、警察行政法にいう警察とは「①国家公安委員会＋②警察庁＋③都道府県公安委員会＋④都道府県警察」であり、①②が国の警察、③④が地方の警察です。また、①③は管理機関です。

その管理を受けて、いよいよ具体的な警察のタスクを全て処理するのが、②④となります。すなわち②警察庁と④都道府県警察は、実施機関です。

ここで、警察の仕事を軍・戦争に喩《たと》えますと——まあ交通戦争、みたいな言葉もあるくらいですから——②は陸海軍省（参謀本部・軍令部）、④は師団・艦隊ということになります。すなわち、ヒト・モノ・カネ・計画・作戦・情報といったものを中枢で扱うのが②、実際に現場で戦闘行為を行うのが④です。ここで戦闘行為というのは、ケイサツが行うあらゆるタスクを意味しています。すなわち犯罪の捜査であったり、予防であったり、交通の指導取締りであったり、テロ対策・災害対策であったりします。またすなわち、警察のミッションである「公共の安全と秩序の維持＋個人の生命・身体・財産の保護」から導かれる、すべての警察事務・警察行政です。すべて、です。

すべて、すべてと強調していることには、理由があります。

すなわち、そうした戦闘行為は、すべて、師団・艦隊である都道府県警察が行う。ここは重要なのでもう少し述べますと、我が国では、戦闘行為＝警察のタスクは、すべて、④の都道府県警察が行うこととされています。

ここで、思い出してください。

我が国は、都道府県警察制度を採用しています。すなわち④は、それぞれの都道府県が独立して設置するもの。地方警察です。よって四十七都道府県、すべて別会社となります。この四十七の独立した会社に、戦闘行為＝警察のタスクがすべて、委ねられているのです。

これを、裏から言うと。

②の警察庁には、戦闘行為は一切、任されていないし、してはならない。警察の具体的なタスクはすべて都道府県警察が行う。これが、都道府県警察制度のキモ。したがいまして、我が国には、警察の具体的なタスクを処理する国の組織は、存在しません。我が国には「ＦＢＩ」はないのです。これは、「警察庁の警察官は警察官ではあるが、一切、具体的なタスク処理＝職務執行をしない警察官だ」ということでもあります。ＦＢＩのように、重要特異な事件が起きたら、警察庁の警察官が捜査に行く――ということ

は、我が国ではまずありえません（例外的に、それを可能にする絡繰《からく》りはありますが）。

したがいまして、公安委員会の管理を受けながら、警察のタスクを処理してゆく「実施機関」の中核――というか九九％――は、都道府県警察ということになります。警察の主役は、四十七の都道府県警察。職務執行をするのは……職務執行ができるのは、都道府県警察の警察官だけです。警察庁の警察官は、交通切符1枚、切る権限がありません（そもそも貸与されていませんが……）。

するとここで、当然、疑問が生じてきますね。

「なら何故、警察庁なんてものがあるのか？」

それは詰まる所、「警察庁と都道府県警察の関係は？」という疑問ですが――

これは実は、警察行政法上の大きなトピックで、それだけで新書が1冊書けてしまうほど複雑精緻な仕掛けが施されているのですが――なるべくカンタンに説明すると、次のように言えるのではないかと思います。

まず第一に、原則として警察のタスクはすべて都道府県に委ねてしまうけれど（都道府県警察制度）、国として責任を負わなければならない部分があるから。例えば、A県の甲警察署管内でサリンが散布された、あるいは、B県の乙警察署管内で大震災が起こったとき。前者も後者も、国家規模で対処すべき重大事象です。ところが、都道府県警察制度の趣旨を徹底し、これらの対処を完全に都道府県警察に委ねてしまうと、県によっては「対処するノウハウがない」「警察官が全然足りない」「必要な予算がもうない」「そもそも県警察は震災で壊滅した（!!）」という事態も、当然想定されます。そうしたとき、やはり参謀本部を設けておかないと、それぞれ対等・独立な四十七都道府県警察を動かすことすらできない。だから、国が関与しなければならない部分については、国の警察＝警察庁に、タスクを実施させる。これが理由の1つ。

　第二に、ミニマム・スタンダードの必要性が挙げられます。極論、青森県警の警察手帳は赤で、熊本県警のそれは緑だ、などということになっては、市民の側が困ります。これは制服でもパトカーでも、あるいは代紋のデザイン、組織の名前といったもの全てについて言えます（かつて本当に、大阪市に警視庁と警視総監が置かれた「実績」もあります）。また、そうしたモノ関係だけでなく、警察における通信の在り方が統一されていなければ、四十七都道府県警察は互いに意思疎通できません。鑑識のノウハウが共有されていなければ、捜査能力に県間格差が生じ、すなわち納税者の間に不平等が起こります。はたまた、どのような基準・仕組みで警察官を任用するか、警察官の教養プログラムをどうするか、交番・警察署ではどのような勤務をさせるか、制服警察官はどのような活動を行うか――といったことも、ある程度のデフォルトを設定しておかなければ、「福島県警には交番がなく駐在所だけ」「愛知県警の交番は1つも二十四時間営業をしない」というのも可能になってしまいます。すなわち、四十七の師団を完全に独立したままとし、全く自由な裁量・経営判断を許すことは、ミニマム・スタンダードを設定する観点からは、ちょっと無理なのです。だから、四十七都道府県警察を束ねる参謀本部を設置し、全国の納税者に不平等でないサービスを保障すべく、全国的な基準を定めさせたり、それを守らせたり、時代の必要に応じて改めさせたりする。これが理由の2つ。

第三に、法令・予算の問題。テロ対策、大震災対策など、警察のタスクの中には、国が関与してゆかなければならないものがあります。なら、そのおカネを都道府県の納税者だけに負担させるのは酷です。すると、国が口を出す部分については、国費《こくひ》予算を用意し、都道府県警察に配分しなければなりません。ここで、国の予算は、財務省に要求し査定してもらうもの。それを四十七の師団がてんでバラバラに、例えば財務省にゾロゾロ日参するというのは税金の無駄で、戦闘行為にも支障が出ますよね。

話は法令についても一緒です。警察にとって死活的な法律は、警察法、警職法、刑法、刑訴法、暴対法、道交法、風営法、災害対策基本法……と、それこそ腐るほどあります。ところが、まさか都道府県が法律案を提出することはできません。法律は一般的・実態論的に、中央省庁が立案して内閣が国会に提出します。四十七の師団は、口出しできません。自分たちの戦闘行為に死活的に重要なのに……それでは現場が、あまりに可哀想です。

そこで中央省庁としての陸軍省を置き、予算を要求したり、法令の立案をしたり、他省庁に「この法令変えてください」などと協議できるようにする。これが理由の３つ。

第四、窓口の問題があります。例えば外務省が、海外のテロ対策について国際会議を開く。あるいは文科省が、全国のいじめ対策について警察と連携したがっている。こうしたときは、じゃあ警察さんもぜひお話を、ということになるでしょうが、もし四十七の都道府県警察が完全に別個独立なら、それだけで参加者の数は膨れ上がります。ここで、国に陸軍省に当たるものが１つあれば、極論、警察の参加者は１人ですみますし、その参加者は、現場の１師団の意見を超えて、全国の部隊の意見を代表することができ、合理的です。

はたまた、被疑者が国外に逃亡したので、ICPOに手配してもらう。あるいは、FBI、スコットランド・ヤード、フランス国家警察と情報交換をする。こうしたとき、その手配から交渉から現実の接触――例えば海外出張――のすべてを現場の師団に委ねることは、適切ではありません。相手国の主権を尊重した慎重な判断が必要となりますし、ネゴシエーション・スキルの問題もありますし、そもそもICPOだろうが海外の捜査機関だろうが、「窓口は一本化してくれよ」「国の代表として来てくれよ」と思うでしょう。今日は栃木県警察、明日は山口県警察……ということになれば、お互い無駄だからです。個人的な人間関係を積み重ねる、ということも、かなり難しくなる。もちろん、現場の戦闘行為に支障が出ます。時差と言語の問題がありますから。例えば出張日程を組むだけで、師団にとっては大きな負担となる。

そこで、国内においても、海外との関係でも、中央省庁としての陸海軍省を置いておく。窓口を一本化し、実務がスムーズに行われるようにする。これが理由の4つです。

第五にして、極めてしみじみする理由ですが――警視庁と大阪府警がガンガンにケンカしたらどうなるか。あるいは秋田県警と岐阜県警が、同一の事件・同一の被疑者を捜査していて、バッティングした上、互いに一切の協力を拒否したらどうなるか（例えば、です）。もし四十七の師団が完全に独立・対等であれば、最後は内戦しかないでしょう。そこで、国の参謀本部を置いて、アホな内ゲバが起きないようにし、万が一起きたとしたら速やかに解決する。これは無駄なコストを削減することになるので、納税者のためになります。

――以上を、まとめますと。

第一に、A.国が関与すべき警察事務が必ずある。第二に、B.全国警察のデフォルトを維持する必要がある。第三に、C.国の法令・予算を適切なものにする必要がある。第四に、D.国内的・国際的な統一窓口を設定する必要がある。第五に、E.四十七の警察を調整・仲介する必要がある――

大雑把に言って、これが、中央省庁としての「警察庁」を置く理由です。

……ここで、一三〇頁記載の①②③④を、思い出してください。

既に述べたように、警察のタスクのすべては、④都道府県警察に委ねられている。すると、②警察庁が「実施機関である」というのは、いったいどういう意味なんだろうか、という疑問が生じます。

これについては、こう説明できます。

なるほど、徹底した地方分権・地方自治＝都道府県警察制度によって、現場で戦闘行為をするのは④です。④こそが、純粋な実施機関です。

しかし、右に述べたAについては、警察庁が自ら積極的に乗り出してくるケースといえ、たとえそれが「警察庁警察官自身が何かを実施する」というスタイルでなくとも、それが極論「こうした方がいいんじゃない？」「ぶっちゃけこうしろよ」というアドバイス（あるいは意見、あるいは恫喝《どうかつ》(!?)）にわたるものであれば、実際に実施するのは④にしろ、それはもう、②がやらせていること、すなわち②が実施しているもの、ととらえられますよね。逆に、口だけ出して責任はとらない、というのであれば、現場としてはたまったものではありませんし、その「口だけ出している」「実施じゃありませんよ」という②への管理が、全くできないことにもなってしまう。それは、口だけ出せる②の独走・暴走を招きかねません。

また、Bについては、「具体的な基準を示して、④の実施の仕方を縛る」わけですから、たとえその基準がアドバイス（以下同前）だったとしても、それもまた、実際論としては②が実施しているものといえます。やり方について口を出すということは、要は、②の思いどおりに実施させるということだからです。

Cについては、ちょっとABとは事情が違いますが、しかしながら「④の在り方そのものを規定する」ことには違いありません。④は法令に絶対に逆らえませんし、組織にとって予算の配分は死活問題だからです。こうしたガジェットによるコントロールもまた、④の実施＝職務執行をダイレクトに縛ります。なら結論は、ABと変わりません。Dについても、②による「こうしろ」「ああしろ」「俺が代弁する」「俺が代表する」というアドバイスですから、④としては従わざるをえない。

そしてEは、まさに黒幕としての②の権力を象徴するものでしょう。ぶっちゃけ、一段高いところに立って、「お前はああしろ、お前はこう動け」「お前は我慢しろ、お前は突撃しろ」というアドバイスをするわけですから。それはもう、戦闘行為の指揮と変わりません。戦闘行為を指揮している、ということは、実際論としては、自分自身が戦闘行為を実施しているのと変わらないでしょう――

そうしたわけで。

地方分権＝都道府県警察制度を徹底すれば、不要か、あるいはアドバイザーにとどまるべき②警察庁は、ABCDEの分野については、国としての責任を果たすべく、「都道府県警察を指揮監督する」ことができるようになっています。警察の憲法である警察法が、ＡＢＣＤＥの分野については、警察庁の指揮権を正面から認めているのです。ここで、「公安委員会」には指揮監督権も命令権もありませんでしたね。警察庁には、限定的ながら、それがあります。ゆえに、警察庁自身もまた、自分自身で警察の具体的なタスクを処理しないにもかかわらず、警察の仕事の「実施機関」と位置付けられます。

よって、まとめますと――

私たちが「ケイサツ」という一般用語でイメージするのは、多くの人にとって④であり、ある程度詳しい人、警察映画・警察ドラマ・警察小説などで知っている人にとっては②④でしょう。そのイメージは、かなり正確だと思います。これまで見てきたとおり、①③は管理機関で、具体的な警察のタスクを処理しないばかりか、指揮監督・命令すらできない位置付けになっているので。具体的な警察のタスクを処理するのは、②④です。ゆえに「ケイサツ」といったとき、②④を想起されるのは自然なことですし、実は部内でも、「ケイサツ」という用語は、なんとなく②④を指すものととらえられています。すなわち、警察行政法上の警察と、一般市民・多くの警察官がとらえているケイサツには、若干のズレがある、ということになりましょう。

警察庁と都道府県警察――そのホンネ

さて、警察庁は原則、都道府県警察の指揮監督ができない――

これは法律論・制度論として正しい。しかし、逆に言えばそれだけのこと。

悪い言葉でいえば、タテマエです。ではどこがタテマエか。

これは、例えば人事に着目すれば、すぐ解ります――

まず警察庁のトップは、警察庁長官です。他省庁の事務方トップである、事務次官と同格のポストです。すなわち、その省庁におけるキャリアの最終勝者であり、その省庁におけるキャリアのトップに立った、国家公務員です。

他方で、都道府県警察のトップは、都道府県警察本部長です。富山県なら富山県警察本部長、京都府なら京都府警察本部長。東京都だけは、東京都警察本部長と呼ぶべきところ、警視総監という特別の職名が与えられています（ちなみにこれは、歴史的経緯によるものです。というのも、実は警視庁／警視総監の方が、警察庁はおろか、その前身の内務省より歴史を持つ先輩なので。警視庁の強烈なプライドの一因は、ここにあります）。いずれにしろ、この警察本部長というのも、キャリアのポスト。四十七都道府県警察のトップのイスは、ほとんどが警察キャリアの指定席です。ここで「ほとんどが」

と言ったのは、例外的に、ノンキャリアの星に小規模県の本部長ポストが委ねられるケースもあれば、他省庁との人事交流で、例えばいきなり財務キャリア、外務キャリア、国交キャリアが「3日の研修で」すぐさま本部長に着任する、という（一般社会からすれば）すさまじい例もあるから。いずれにしろ、都道府県警察のトップがキャリアの指定席ということは、そのキャリアの面々というのは、当然に、「警察庁長官より年次が下のキャリア」ということになります。なんとなれば、警察庁長官はキャリアの最終勝者、すなわちそのとき在職している最年長者になるので。もちろん、警察本部長人事も、実際上は——法律論・制度論はともかく——最終勝者・最年長者である警察庁長官が、その思うところによって、行うことになる。具体的には、すべて部下である警察キャリア（国家公務員）のうちから、年次と適格性と、「将としてのタイプ」などを勘案して、これぞと思う後輩を、各都道府県へ送りこむ。こういうことになる。

すると、どうなるか？

いくら「警察の具体的なタスク処理は、すべて都道府県警察に委ねられている」「警察庁の指揮監督は、一定の範囲のみ」といったところで、警察庁のトップがキャリアのラスボスで、都道府県のトップがすべてその後輩となれば……

容易に想像されるとおり、警察庁としては、実は「指揮監督」「命令」なんて仰々《ぎょうぎょう》しい、エレガントでない手段など用いなくとも、たやすく都道府県警察のタスク処理を、悪い言葉でいえば意のままにできますよね。だってそれぞれの社長は、ぜんぶ後輩ですから。ゆえに、「指揮監督権が限定的かどうか」という法律上の論点は、実務的には、あまり意味がありません。ぶっちゃけ論、警察庁長官の茶飲み話に逆らえる警察本部長は、いないわけですから。ここで、警察本部長は警察キャリア。そのうち中小規模県の本部長ならば、まだまだ出世階段を上がってゆかなければならない身。いえ大規模県の本部長にしたところで、いよいよ最終階段——警察庁の局長、官房長、次長そして長官、はたまた警視庁の警視総監——を上がれるかどうかが懸かっている身。人によっては、より切実に職業的情熱を燃やしているかも知れません。それが、自分の生殺与奪《せいさつよだつ》の権を握っている、警察庁長官に逆らえるかどうか……

人事の面だけを見ても、「警察庁と都道府県警察の関係」のキモは、解りますよね。

あとはもちろん、予算の問題もあります。先に見たとおり、警察には国費予算がありますから、その都道府県への配分は国の——警察庁の匙加減《さじかげん》ひとつ。そして一般論として、予算配分権を持っている相手を、まさか怒らせたくはないでしょう。

あるいは、定員の問題もある。実は警察の定員――例えば警視庁にはおおむね何人の警察官を置き、沖縄県警察にはおおむね何人の定員を置くといった数そのもの――は、「警察法」（法律）と「警察法施行令」（政令）が縛っています。もちろん地方自治の観点から、それぞれの定員は都道府県の条例が定めるのですが（それは当然です。県の組織だからです）、これまたギミックとして、その条例は、警察法と警察法施行令の縛りに従わなければならないという絡繰《からく》りが、用意されている。すると、各都道府県警察は、そう師団・艦隊は、「部隊にどれだけの兵力を与えられるか」を、まるっと警察庁に握られていることになります（繰り返しになりますが、法令の改廃は国の仕事なので、都道府県には何もできません）。もちろん現場の師団・艦隊としては、1人でも多くの兵力がほしいでしょうし、他の部隊が増員を認められているのに、自分のところだけガン無視……みたいな仕打ちは、死んでも避けたいでしょう。師団長・艦長たる警察本部長個人にあっても、その思いはなおさらです。

これらを、まとめますと――

警察法によって、「地方分権」「地方自治」「都道府県警察制度」「国の限定された関与」という、かなり先進的な――今の警察法が制定されたのは昭和29年です――組織づくりがなされているのですが、同時に、この警察法は、運用次第によってはたやすく都道府県警察を統制できる諸々の精緻なギミックを、用意している。こういうことになります。これもまた、ヌエ的な性格といえましょう。

都道府県警察の組織と実情――役員クラス

さはさりながら。

警察庁がどれだけ口を出そうと、実際に動くのも、また動けるのも、都道府県警察の警察官です。警察庁警察官ではありません。

もちろんおさらいすると、都道府県の警察というのは先の③④、すなわち「都道府県公安委員会＋都道府県警察」なのですが、公安委員会は管理機関ですので、ここでは実施機関の都道府県警察についてお話しします。

さて、都道府県警察が、四十七の独立した会社であることは述べました。イメージとしては、県庁の一部局であるということも。実際、県庁庁舎内に間借りしている（同居している）警察本部というのも、ままあります。しかし、そもそも知事の指揮監督を受けない鬼子《おにご》であること（知事からすれば、自分の側で人件費も施設も提供しているのに、まったく命令できない、ろくすっぽ報告も上げてくれない集団というのは、あまりおもしろくはありません）、警察本部だけでもかなりの人員になること（すなわち、県庁の一部局というにはユニットが大きすぎること）、そして何より、秘密を保つ上／物理的に防衛する上での問題があることから（時代の情勢が変われば、警察本部や警察署が襲撃されるということは当然ありえますよね）、今では、警察本部だけで独立庁舎をかまえているのが一般です。

よって、例えば千葉県警察本部、鳥取県警察本部、あるいは警視庁（本当は「東京都警察本部」と呼ぶべきですが、まあいろいろ）は、四十七ある治安関係総合商社の、いわば本社です。「県本社」とかではありません。というのも、まさか警察庁の出先ではないし、そして1つの県しか管轄しないので。まさに枕詞なし・裸の「本社」であって、「県の本社」ではないのです。都道府県警察の組織は、1つの県で自己完結しています。

その社長は、警察本部長です。徳島県警察本部長、滋賀県警察本部長、警視総監といった職名になります。前述のとおり、ほとんどが警察キャリアです。すなわち、東京から異動してきて、1年半～2年の任期を勤め（事情によっては3か月なんてこともあります）、また東京あるいは別の県へ去ってゆく社長。階級は、別格である警視庁が「警視総監」という最高位階級、他は道府県の規模によって警視監／警視長となります。社長と警察庁との微妙な関係については、もう述べました。しかし自分が統治する県内においては、全能神です。警察本部長は社長ですから、組織のヒト、モノ、カネ、システム、プラン、アクションのすべてについて全能神。理論的には、例えば愛媛県警察に関することについて、愛媛県警察本部長の思いのままにならないことは、ありません。もしあれば、例えば担当者を離島の警備派出所に飛ばすだけです（冗談です）。なおここで、都道府県公安委員会には「管理」しかできなかったことを、想起してください。警察本部長に命令をする者は、警察庁の介入がないかぎり、誰ひとりいないのです。警察本部長は、ポジション的には治安担当副知事といえますが、その権限から、県内治安担当の、独裁官といえましょう。

本部長の下には、副社長がいます。

警視庁ですと副総監、大規模県だと副本部長という職が置かれており、これもキャリアポスト。このあたりは警視監ですね。他方で、一般の県警察だと、副本部長は置かれません。これは歴史的な事情だけです（副本部長は最近できたポストです）。よって、副社長のポジションというか、ナンバー2のポジションは、次に述べる警務部長が担うことになります。

さて副社長の下には、部長・部長級がいます。

第1章で見たとおり、警察の「専門分野」「ジャンル名」のことを専務《せんむ》といいますが、部長は、この専務ごとにいます。すなわち警察のミッションの、タテワリの責任者です。

大規模県になりますと、総務部長、警務部長、生活安全部長、地域部長（地域は専務ではないなどと言われますが、もちろんそれを担当する部長は必要です）、刑事部長、交通部長、警備部長、情報通信部長……と、まさに教科書どおりの組織づくりがなされます。実際論をいえば、大規模県は人数が多いですから、管理職も大変ですし、さらに生々しくいえば、偉い人のポストもそれなりに多く用意しておかなければ揉めます。

他方で、中小規模県になりますと、ヴァリエーションはありますが、警務部長、生活安全部長、刑事部長、交通部長、警備部長、情報通信部長の6職が基本になります。すなわち総務部長・地域部長を置く必要性あるいは余裕を、認められていないことになります。このとき、総務部長の仕事はランクが下がった「総務室長」などに、そして地域部長の仕事はもともとジャンルが一緒の「生活安全部長」に、割り振られます。

なお、平成13年からの警察改革を受けて陸続と設置された「首席監察官」は、その職名にかかわらず部長級となります。組織の非違《ひい》を正す監察のトップが、例えば課長級に過ぎないとしたら、まさか部長に物申せるはずもないので。あと、警務部長のすぐ下にいる「警務部参事官」という職の人も、その重要性から、部長級と扱われることが多いです。

これら部長（級）の階級は、大規模県であれば一般的に警視長／警視正、小規模県であれば警視正になります。

そして、都道府県警察でいえば、ここまでがいわば会社の「役員」。すなわち警視正以上が――階級章の地金もゴールドに変わるのですが――会社の最高意思決定に関与できる経営陣となります。

だから、例えば公安委員会に出席するのも、部長級以上となりますし、県議会で答弁ができるのも、部長級以上だけです。

さて、この役員クラスですが、社長・副社長はほぼキャリア独占。しかし部長級は、どちらかといえば地元のものです。それはそうです。飽くまで都道府県警察なのですから、そもそも社長が東京人事に独占されているというのも、県の側からすれば言いたいことはある（人事の在り方に関しては、既に戦前からの伝統なので、文句を言う気にもならないというのが実際ですが）。その上、役員まですべてキャリアに独占されては、地方自治も何もあったものではないし、だいいち「東京都の警察官になりたい!!」「広島県の警察官になりたい!!」と熱意を持って入社したノンキャリアの地元警察官にとって、あまりに酷です。

そんなこんなで。

さすがに役員クラスは、どちらかといえばノンキャリアのもの。東京からのキャリアは、県の規模にもよりますが、少数派です。もちろん、大規模県になればなるほど、東京人事の部長が多くなりますし（この人たちも、1年半〜2年の任期で去ってゆきます）、小規模県になればなるほど、それが少なくなる。それはそうですよね、小規模県は役員ポストが少ないのですから。

実際論としては、また慣例としては、まず警務部長は東京人事です。人事、組織、制度などを担っている、組織の要ですので。ゆえに副本部長が置かれていないときは、この警務部長が副社長のポジションを与えられます。

あと刑事部長、警備部長は、東京人事と親和性が強い。大規模県だと、このあたりはキャリアポストになりがちです。裏から言えば、生活安全部長、地域部長、交通部長は

――キレイな表現をすれば、地元の実態に精通していなければならないから、でしょうか――ノンキャリアの役員ポストとして維持されることが多い（なお警視庁は、すべてにおいて別格ですので、一般ルールがまったく当てはまりません）。

大規模県に置かれる総務部長は、ノンキャリアの星の最終ポスト・実質上の地元最終勝者の席、という位置付けのことが多いです。人格・識見・実務いずれも、トップクラスのエースが最後にたどりつく、いわば「地元組の社長」。ボスキャラです。

小規模県にはこの総務部長は置かれませんので、そして小規模県では実際上、警務部長以外のキャリアの部長というのは稀なので、地元組の刑事部長が、ノンキャリアの星の最終ポスト、「地元組の社長」、ボスキャラになります。

さて――

以上が都道府県警察の役員・経営陣ですが。

警視庁を別格とすれば、大規模県では、東京人事と地元人事のパワーバランスは、やや地元人事が優位な感じで拮抗《きっこう》します。小規模県では、圧倒的に地元人事が優位となります。小規模県だと、役員の中にキャリアは社長と警務部長の2人だけ、というのも稀ではありませんから。

そして、社長は全能神ではありますが、東京からの落下傘《らっかさん》組で、任期は長くとも2年。着任したその2年後には、確実に、この人の政権は終わっている。そしてその県に帰ってくることはない。何故なら年次が上がり、すなわち栄転するので。その人の次のポストが、またその県ということはありえません。

この事情は、東京人事の部長についても一緒です。唯一の違いは、その時々の警察庁長官の判断次第で、またその県に、今度は社長として帰ってくる可能性が――大きくはありませんが――存在することだけです。

つまり、東京人事組は、県からすれば、たぶん一期一会の渡り鳥です。

他方で、地元人事の――地元採用の警察官で、役員にまで登り詰めたエリートは、四〇年近く、その都道府県警察の飯を食ってきた生え抜きです。人脈も、情報も、派閥も、地元事情の理解も、落下傘のキャリアとは比較になりません。また、巡査から叩き上げてきた古強者《ふるつわもの》ですから、捜査書類など、現場の刑事同様に自分で書けます。交通切符も切れるでしょう。取調べだってできる。事件指揮も、警備実施も、あるいは（やろうと思えば）交番勤務だってすぐできる。すなわち、現場的な実務能力も、どちらかといえば管理職経験が長いキャリアとは、比較になりません。

これを要するに。

世間で言われているほど、「キャリア対ノンキャリア」といった解りやすい図式は、とても成立しない——ということです。

なぜといって。

まず、団結力が違います。四〇年近く顔を合わせ、鎬《しのぎ》を削ってきたノンキャリア役員たち。それは好き嫌いも派閥もあるでしょうが、「自分たちの〇〇県警」という強烈なプライドは、誰もが等しく持っています。それはそうです。まさに都道府県警察、まさに自分たちの警察、自分たちが築いてきた生涯の職場なのですから。

次に、日本的意思決定の問題があります。すなわちボトム・アップ。我が国では、とりわけ役所は、「末端の担当者が事務処理案を起案し、決裁権者のハシゴを上がってハンコのスタンプラリーをしてゆく」ボトム・アップの意思決定が——少なくとも平時は——なされる。これはすなわち、情報が常に下から上にあがる、上は下の報告がなければ情報に接することが難しい、ということ。とすれば、社長・副社長・東京人事の役員への情報を遮断することは、決意すれば難しいことではありません。

あるいは、政権交代の確実さ。どんな社長でも、どんな東京人事の役員でも、2年我慢すれば必ず出てゆきます。これは「必ず」です。とすれば、まあ滅多にありませんが、地元人事と東京人事が最終戦争になろうとも、あるいは地元人事が東京人事に面従腹背《めんじゅうふくはい》しようとも、はたまた、東京人事が地元人事を粛清《しゅくせい》しようとも――すなわちどのような「権力闘争」があったとしても（重ねて、バカバカしいので滅多にないのですが）、それは最大2年でチャラになります。しかも、権力闘争後、出てゆくのは必ず東京人事の方なのですから、そのあとも地元に残る人々が、すべてを元に戻してしまうことも、これまた難しいことではない。

最後に、東京人事自身の評価の問題。東京人事の評価は、実際上は、警察庁がします。部長の評価はもちろん社長がしますが、東京人事どうしだったら、警察庁がやっているのと全然変わりませんよね。そして警察庁の、社長なり部長なりに対する評価というのは、要するに「経営者としての評価」に尽きます。県警察そのもの、あるいはその部門を、最大限効果的・効率的・合理的に運営して、予防・検挙・規制・各種施策といったもので、最大の売上をあげてゆく。それが警察本部長なり、部長なりの務めです。

さてそうしますと。常識で解ることですが、例えば――いきなり東京人事が地元人事を呼びつけて、インテリ眼鏡をギラリと光らせながら、「交通死亡事故を半減させたまえ。それが君の仕事だ。達成まで出入りに及ばず。以上だ（キリッ）」とか下手な警察ドラマみたいなことをやるよりは、「いや〜昨日も長官からお叱りの電話があってさ、交通死亡事故。なんでこんなに増えてるんだって。もうすごい剣幕で、参っちゃったよ。いろいろやってもらっているのは知ってるけど、ぶっちゃけ実際のところ現場、どうなの？　みんな疲れてるかな？」みたいにコミュニケーションをとる方が、どう考えても合理的です。気持ちよく仕事をしてもらう。士気を上げる。話し合う。自分でもプランを出す。お互い納得する。そうすることで組織は回ってゆく。わざわざキャリア風吹かせて「命令だ!!」「さもなくば帰れ!!」「辞表を持ってこい!!」なんてことをやれば、翌日から執務室には誰も来なくなりますし、真っ当な情報が上がって来なくなりますし、最悪、地元人事から徹底して干されるというか、ハシゴをあざやかに外されるおそれもあります。そうなったら、もう実績どころではないでしょう。それはつまり、警察庁からの評価が最悪になるということ。次の異動先はかなりシビアなものになるし、ひょっとしたら将来もほぼ決まってしまう。東京人事は渡り鳥ですが、プロの渡り鳥ですから、見知らぬ土地でどれだけ地元の心をつかむことが重要かということは、戦前から厳しく躾《しつ》けられてきています（「内務省三訓」＝人を愛し、土地を愛し、仕事を愛する）。

――そんなこんなで。

真っ当なキャリア、真っ当な東京人事であれば、真っ先に地元の「人」「土地」を掌握しようと努めます。それが自分の、あらゆる意味での利益を最大化することになりますから。権力闘争など、バカバカしいことです。

これを、地元人事の視点から見ても――

地元組の常識として、「キャリアは使うもの」です。小規模県なら、言い方はアレですがものすごいレアアイテムですし、大規模県であれば、それなりに年季を積んだキャリアが来ます。そして、都道府県警察制度をとっている以上、それぞれの競争は必ずありますし、同じ県内でも、他部門であるとか、他所属との競争は常にあります。これは、どんな役所でも企業でも一緒でしょう。そうした競争をしてゆく上で、キャリアにあって地元人事にはないもの……「警察庁とのパイプ」「他の都道府県警察で培《つちか》ったノウハウ」「他の行政機関とのネゴシエーション能力」は、実はとても重要です。

なんとなれば、競争に勝つためには、例えば「何が評価されるのか」「何が重要視されるのか」「何をやればウケるのか」についての情報を、察知しなければなりませんが、それは、本籍が警察庁で、警察庁の各級幹部と（濃淡はありますが）親しいキャリアを

「使う」ことで、カンタンに手に入りますから。言葉はともかく、バカと鋏《はさみ》は使いよう、おだてて踊らせるのが、最も合理的なのです。またこの警察庁とのパイプは、ヤバいことが起こったとき「内々に相談して感触をとってもらう」ことにも使えますし、不祥事があったとき「矢面に立って怒られてもらう」ことにも使えますし、予算の配分などについて「生臭くなく陳情してもらう」ことにも使えますし、もっと些末《さまつ》なことをいえば、「すみませんが、御後任はどなたに……」「次の社長は、いったいどんな方で……」「あの部長はいつ異動になりますか……」みたいな情報をとることにも、使えます。はたまた、キャリアのネゴシエーション能力というか役人語駆使能力は、とりわけ知事部局対策に使えます。県からヒト・モノ・カネをゲットするとき、敵はいってみれば都道府県の役人、都道府県に出ている他省庁キャリア、果ては副知事・知事ですから、あまり現場警察官が得意でない「役人バトル」を勝ち抜く上で、キャリアが行政・法令のプロだと、著しく「使い出がある」のです。うるさ型の知事を見事宥《なだ》め賺《すか》して要求を貫徹してきた社長ともなれば、もうそれだけで政権は安定する。それほど地元組の、キャリアのネゴシエーション・スキルに対する期待は、大きいのです。

都道府県警察の組織と実情——実働レベル

ここでは、役員以外の組織とヒトを見てみましょう。もちろん、あらゆる役所・企業同様、そちらが都道府県警察の圧倒的多数なのですが。

まず、今まで厳密に述べてきませんでしたが、都道府県警察は「警察本部＋警察署」に分けて考えることができます。すなわち、例えば京都府警察というのは「京都府警察本部＋下京《しもぎょう》署＋山科署＋下鴨署＋舞鶴署……」のことで、警視庁というのは「警視庁＋麴町警察署＋丸の内警察署＋上野警察署＋東京湾岸警察署＋練馬警察署……」のことです。役員がいるのは警察本部で、それが本社であることは御説明しました。

都道府県警察本部

では、警察本部から見てみましょう。

警察のミッションをタテワリにする形で、専務の部長がいますので、当然、それぞれの部があります。アタリマエですが警務部、生活安全部、刑事部、交通部、警備部といった部になります。このそれぞれの部に、さらに部のミッション（専務のミッション）をタテワリに細分化して、幾つかの課が置かれることになる。

いちばん解りやすいのは、刑事部でしょう。

刑事部長は役員で、警視正以上です。この部長の下に、刑事部参事官という警視正／警視ポストが置かれ、理論的には部長のスタッフ・御意見番となりますが、実際上は決裁権を持つ部のナンバー2であることが普通です。刑事部に課題が多いとき、大規模県で陣容が厚いときなどは、2人以上の参事官が置かれることも、あるいは、情勢に応じて臨時に設けられることもあります。

刑事部参事官の次には、警視正／警視の各課長が置かれます。刑事部の一般的なモデルケースだと、筆頭課・庶務担当課の「刑事企画課」「刑事総務課」が必ずあり、部内各課の束ねをします。ゆえに庶務担当課の課長・次席（次長）は、一段高い位置付けを与えられます。

庶務担当課以外には、より現場的なミッションを受け持つ課が置かれ、これを普通「原課《げんか》」と呼びます。刑事部だと、まず「捜査第一課」（凶悪・粗暴・火災犯罪担当）「捜査第二課」（知能犯罪、選挙違反担当）「捜査第三課」（窃盗犯・盗品捜査担当）「鑑識課」が置かれるのはガチ。次に「組織犯罪対策課」（犯罪収益・暴対・薬銃担当）が置かれるとは思いますが、このあたりから一般ルールが適用しづらくなってきます。理由はすぐ述べます。

以上を、ざっとまとめますと。

警察本部の刑事部門を例にとれば、「刑事部長─刑事部参事官─刑事企画課長（刑事総務課長）─原課課長」という組織／ヒトになっていて、原課には捜一・捜二・捜三・鑑識・組対がある――ということになります。今は刑事部門について見ましたが、このパターンはすべての部門について同様です。

もちろん、それぞれの課には、警察官と事務職員、あるいは技官までが配置されています。いま例にとっているのは刑事部門ですから、そこには私服の刑事＝捜査員が、うじゃうじゃいることになる。警察本部では、課長がその実務の最高指揮官という位置付けなので、課長の指揮の下、ナンバー2の次席（次長）が女房役になり（警視／警部）、管理官その他のナントカ官系を束ね（警視／警部）、管理官は配下の課長補佐を動かし（警部）、課長補佐はユニットのリーダーとして係長（警部補）・主任（巡査部長）などと一緒に仕事をします。警察本部の警察官は、県の全域を管轄するようなものですから、刑事部門であれば、県内のあらゆる事件を独自に捜査できますし――すなわち警察署を無視できますし、もちろん必要と認めれば、警察署と一緒に捜査をします。

さて。

先ほど「一般ルールが適用しづらい」云々を述べましたが、それは、こと警察本部の組織、とりわけ「課の名前」「課の作り方」「課の事務の切り分け方」については、各都道府県警察にかなりの自由・裁量があるからです。したがいまして、極めてメジャーで古典的な「捜査一課」「捜査二課」「捜査三課」「鑑識課」などは、いじると警察ドラマが作りにくくなるからでしょうか（冗談です）、どこの県でもほぼ一緒なのですが、さて「組織犯罪対策課」ともなると、かなり事情が違ってきます。A県警ではまさに「組織犯罪対策課」しかないのに、B県警では「組織犯罪対策一課〜三課」まである、なんてことはザラ。さらにいえば、例えば大阪府警には「捜査四課」も「薬物対策課」もある一方で、「組織犯罪対策課」はありません。埼玉県警では「捜査四課」と「薬物銃器対策課」を置いていて、しかも「組織犯罪対策課」がある。

それぞれの警察本部で、課の作り方が違うわけです。もちろん、専務としてやる仕事のトータルは一緒なのですから、例えば暴力団対策、例えば薬銃対策は、看板がどうあれ、必ずどこかの課に受け持たれてはいるのですが……

いいえ、まだ刑事部門は解りやすい方で、生活安全部門と警備部門は、課の看板からは何が何だか解らない方が多いです。生活安全部門だと、「少年課」「少年捜査課」の違いは、市民には解りませんし、加えて「子ども女性安全対策課」があることもある。「保安課」と「生活環境課」もイメージしにくいですね（実はほぼ一緒）。あるいは警備部門だと、テロ対策等というその性質上、看板を極めてシンプルにしてあるので、「公安課」「公安総務課」「警備第一課」「警備企画課」などが実は部門の庶務担当課を意味するなど、ちょっと想像の埒外《らちがい》でしょう。A県の「警備三課」とB県の「公安三課」は、やっていることがまるで違う、ということは不思議でも何でもありません。

このように、警察本部の課にかなりのヴァリエーションがあるのは、実は、先に述べた警察庁の統制と関係します。シンプルには、「部」と「部の仕事」は、警察法と警察法施行令（政令）によって基準が縛られていますので、ほとんど裁量が利きません。他方、それさえ守っていれば、その部の中にどんな「課」を置くかは、これは縛られていないので、まさに地方自治として、かなり自由に――実際のところ、その時々の社長の、少なくとも役員会の好みによるのですが――決めることができるのです。

さて、実態論としては、警察の実務は警部が中心となって回し、警察の指揮は警視が中心となって回しています。さらに言えば、警察の実務は警察本部なら課長補佐、警察署なら課長など（警部）が取り仕切り、例えば捜査本部の実際の指揮、行政実務の実際の責任は、所属長警視（本部課長＋署長）がとります。

ですので、警察本部においては、課長の指揮官としての見識と決断はとても重要ですし、課長がケツをまくるようだと、そのジャンルの仕事は目に見えて停滞します。

その課長は、指揮官として売上をあげるために、優秀な課長補佐をそろえなければなりません。いってみれば、デキる隊長を、さまざまな手段を講じて自分の課に引っぱります。それは、事件捜査の鬼であったり、行政規制のセンセイであったり、法令のスペシャリストであったり、カネ勘定の達人だったりしますが――社長が部長に支えられているように、課長は課長補佐に支えられ、課長補佐を叱咤《しった》激励《げきれい》して、課長補佐を牽引《けんいん》して、自分の経営方針を徹底しつつ、課の売上をあげてゆく。

だから課長がいちばん、毎日のように決裁なり検討なり雑談なりでコミュニケーションするのは、実は各分野のプロである課長補佐です。女房役である次席・次長とは、お互い日中は忙しいので、ふたりで夜の席を設けたり（もちろん私費）、あるいは飲み会があったときにふたりで二次会をやるなどして（最近は「二次会禁止令」が出ている県が多いですが……）課の運営方針、課員の実態把握、売上の現状、人事、勤務評定、あるいは愚痴などについて、じっくり語り合ったりします。

警察本部は、1つの独立した会社の本社ですから、やはり「エリート集団」です。理論的にはそうです。ですので、見込まれてリクルートされた巡査部長、警部補といった実働員は、ユニットの長である課長補佐の命令と薫陶《くんとう》の下、バリバリ実務を任せられながら、修行を積んでゆくことになります（もちろんその課長補佐自身も、かってはそのように鍛えられ、実績を認められ、警部になっても専務にいることを認められた逸材《いつざい》、というわけです）。そしてそうした新人の巡査部長、警部補は、将来の課長補佐、管理官、次席、そして課長となることを期待され、競争しつつ実績を上げてゆく――

やはり、「所属長」というのは現場警察官の1つの夢ですから。

ましてそれが、自分が選び、自分を売り込み、認めてもらってリクルートされた専務の所属長であれば、なおさらです。

警察署――ショカツ？

都道府県警察は「警察本部＋警察署」なので、次に警察署の実情を見てみましょう。

実は、警察においては、警察署とは「1つの課」です。

すなわち、警察本部の例えば捜査一課と、○○警察署は、同格ということになります。同じ1つの課、同じ1つの「所属」ということです。これは別に捜査一課に限った話ではなく、警察本部のあらゆる課と、警察署の1つ1つは、基本、同格です。ゆえに、警察本部の課長と、警察署の長＝警察署長も、基本、同格です。言い換えれば、本部の課長と署の署長は等しく「所属長」の地位を持ち、その本質的な違いは、ぶっちゃけ、警察本部で勤務するか警察署で勤務するか——だけです。

ところが。

やはり現場警察官にとって、警察署長というのは、所属長以上にあこがれるポストです。その理由は、やはり警察署長は、所属長の中でも、一国一城の主だからでしょう。仕事のやり甲斐、ということなら、警察本部の課長も、ひけをとりません。自分の担当ジャンルについては、県内全域に対して影響力を行使することができますし、自分の経営方針を示すことができますから。

しかし。

やはりヘッドクオーターというのは、現場ではありません。例えば、警察本部が独自捜査をするときは、現場と変わらない醍醐《だいごみ》味がありますが、警察本部の仕事の少なからぬ部分は、現場を動きやすくするための役人仕事であったり、戦略・経営に関することであったり、あるいはヒト・モノ・カネのロジスティックスであったりします。すなわち現場仕事もありますが、官僚仕事もバカにならない。加えて、警察本部の課長は、ふつう警察本部に出勤するわけですから、つねに上司の統制にさらされます。参事官、部長、(警務部長)、本部長……だから極論、次の1分のうちにも内線で呼び出され、「最近のアレはいったいどうなってるんだ!! やる気があるのか!!」等々、気合いを入れられるというのも、稀ではありません。

他方で。

警察署長は、警察本部にはいません。支店である、各警察署にいます。そして、警察署に署長より偉い警察官などいません。まさに「オヤジ」です。しかも、このオヤジは、警察本部の課長が自分の担当ジャンルにしか口出しできないのに対し、その管轄区域内においては、警察のあらゆるジャンルについて責任を持ち、また、指揮をすることができます。先に、警察のミッションは「公共の安全と秩序の維持+個人の生命・身体・財産の保護」と説明しましたが、警察署長は、1人で、これに含まれるすべてのタスクを処理し、処理させることができます。権限のスタイルからいえば、警察本部の課長はスペシャリストで、警察署長はジェネラリストなのです。まして、法令上、警察署長自身に与えられた権限というのは——すなわち、警察署長が最終の決定権者と認められている権限は——少なくありません。これは、警察本部の課長にはまず、無いものです。まさに匙加減《さじかげん》ひとつ。

よって、警察署長は、一国一城の主。これは、警察庁のキャリアが警察本部長に任じられ、1つの県の独裁官になるのと似ています。警察署長は、1つの管轄区域における独裁官なのです。ゆえにキャリアは「せめてなりたや本部長」となり、地元警察官は「せめてなりたや警察署長」となる。

もっとも、名誉と権限の裏には、もちろん重責があります。というのも警察署長は、ひとたび任じられれば、発令の日の午前零時から、離任の日の午後一一時五九分五九秒……まで、管轄区域におけるあらゆる治安事象に無限責任を負うからです。痴漢であれひったくりであれ、人質立てこもりであれハイジャックであれ。ですので、律儀《りちぎ》なタイプの署長だと、「捜査本部が追っ掛けてる殺人犯のことが毎夜夢に出てくる」「昨日の夢では、駅東口のあの曲がったところずっと行った先のガード下で寝てやがったなあ……」なんて話をしておられた方もいました（最後は総務部長まで登り詰めたエースの方でしたが。それだけ署長の重責は、胃が痛くなるものです)。

さて、この名誉ある孤独な独裁官を支えるため、支店である警察署には、警察本部にならって「課」が設置されています。これが誤解のタネ。というのも、先に御説明したとおり、警察署そのものが警察本部の「課」と同格で、警察署長そのものが警察本部の「課長」と同格なのですから、実は警察署の「課」というのは、警察本部でいったら係レベルのものです。

すなわち警察署という支店(出先の課)には、「警察署長」という課長がいて、その下に「副署長」という次席がいて、その下に「○○次長」(○○は専務名)という管理官がいて、その下に「○○課長」という課長補佐がいる、こういうことになります。

今度は交通部門を例にとりますと、ラインは警察署長(警視正/警視)—副署長(警視)—交通次長(警視)—交通課長(警部)となり、交通課長のいる交通課に、実働の警察官が詰めている——ということになります。なお、警察署における職名と階級もかなり流動的なので、これは標準モデルと考えてください。もちろん、先に述べたように、警察署長はジェネラリストでなければならないのですから、警察署にはすべての専務に対応する係が(=課が)設置されています。すなわち、モデル的にいえば警務課・生活安全課・刑事課・交通課・警備課です。それぞれが、本社でいえば課長補佐クラスの警部に、率いられています。

さて。

警察本部と警察署の関係について、より実態論的なところを述べると――

まず難しいのは、「専務の指揮系統」と「署長の指揮権」が錯綜《さくそう》することです。

警察署長はジェネラリストにして独裁官ですから、そして実質「課長」ですから、署員＝課員のすべてを指揮することができます。当然です、所属長ですから。どの分野のどんな仕事でも、やりたいようにやり、やりたいようにやらせることが可能。署員はすべて、その命令に服さなければなりません。

しかしながら……

第一に、警察の仕事はタテワリです。実績評価もタテワリです。すなわち、仕事の基本的なやり方、タスク処理の基本スキームが、「部門ごと」「専務ごと」なのです。実際にも、警察本部の課長は、各警察署にいる「自分の専務の警察官」を、自分の兵力と考えがちです。それは、県として、本社が責任を持って、売上を管理してゆかねばならないからです。

だから例えば、警察本部の、警備部門の庶務担当課長は、本部の課長に過ぎませんが、すべての警察署の警備課員を、自分の兵力と考える傾向にあります。また、この例でゆくと、各警察署の警備課員もまた、自分のことを、「署長の部下ではあるけれど、本部を意識して仕事せざるをえない立場」と考える傾向にある。なぜといって、専務のギルドが強いからです。警察本部を中心とする、各専務のギルド。警察署の専務員も、今は警察署に出ていますが、もちろんそのメンバーです。ゆえに、ギルドのために仕事をし、ギルドに認められ、「次は大規模署の専務に」「次は本部の専務に」あるいは「次は専務のより上のポストに」と、当然考える（既に説明したとおり、ギルドの人事は、もちろん署長ではなくギルド自身がやります）。そのためにはどうすればよいか？　警察本部のギルドにアピールできる仕事をすればよい。ところが、それは必ずしも、警察署長の方針とは一致しないことがあります。というのも、署長は（署長にまでなったのだから、必ずいずれかのギルドに属してはいますが）、今はジェネラリストとして、ギルドの壁を越えて、警察署全体として売上をあげてゆかなければならないから。

そうすると。

例えば署長は極論、「警備課なんて何やってるのか分からないから、ぶっちゃけ全員制服に着換えて、職務質問でもやってこい、シャブの1つくらい挙げてこい」と考えているのに（重ねて極論です。こんな乱暴な署長はいません）、警備課員は「どうしても国際テロの端緒情報を入手して、本部と警察庁の表彰を狙うぞ‼」とか考えていたりする。こうなると、署長から見たときの面従腹背《めんじゅうふくはい》か、サボタージュが起こったりもする。バレれば署長は当然、激怒しますね。すると警察本部に怒鳴り込む……かというと、このあたりも微妙なところです。というのも、繰り返し言っているように、警察本部の課長と署長は同格ですし、しかも相手は本社の所属長ですから。あとは地元組どうしの人間関係によりますが、署長が完全に旋毛《つむじ》を曲げてしまったりすると、本部の担当課長について「もうアイツの言うことは一切聞いてやらない」といった感じになり、今度は署長によるサボタージュが起こったりもします。先の警備課の例でいえば、本部の警備部門から下りてくる仕事はわざとプライオリティを低くしたり、大きな警備実施（警衛《けいえい》など）があってものらりくらりと協力しなくなったり、警備課員の勤務評定を辛くしたり、警備課員を殺人の捜査本部にごっそり動員したり……極端なことだけを言っていますが、要は、独裁官／全能神である署長には、ありとあらゆる報復手段がある、ということです。このように、署長の指揮権と専務の指揮系統は、つねに錯綜するリスクがあります。

その第二のパターンとして、今度は逆に、署長が自分の出身ギルドのことしか考えない、というケースもあります。所属長にまで出世しているのですから、署長は必ず若い頃に専務入り・ギルド入りして、どこかの専門分野にべったり染まっています。例えば、ある署長が交通のエースだと仮定しましょう。署をどう経営してゆくかは、所属長である署長の自由。そこで署長自身が、交通ギルドへのアピールを考え、交通分野で華々しい実績を挙げようとすれば——これすなわち、警察本部の交通部の要職に栄転しようとすれば、ということですが——署で動員できる資源を最大限、交通指導取締りに動員するのが（この署長にとっては）合理的です。そして警察署内には、そこまで激烈な署長をストップできる者はいません。署長こそ一国一城の主ですから。ところが、警察署のリソースには限りがありますから、こうなると刑法犯検挙、特別法犯検挙、安全まちづくり施策、交番の適正な運営、警備情報の収集といったことに、もちろんダメージが生じる。もしその実態を、警察本部の各課が察知すれば、それは当然面白くないし、どうにか是正《ぜせい》しようとするでしょう。しかし各課長と署長は同格ですから、今回も、まさか怒鳴り込むわけにはゆかない。

……このように、警察本部と警察署の関係というのは、なかなかに複雑で微妙なところがあります。本社と支店、それぞれに強みがあり弱みがある。また、それぞれの利害があり経営方針がある。いわゆる「本店とショカツ」みたいな、シンプルな図式でとらえられるものではありません。

ちなみに。

ショカツ、というのは所轄のことでしょうが、私の短からぬ警察官／警察官僚人生において、私がこの言葉を書いたり言ったりしたことはたぶんありません。警察文化は、四十七都道府県ですべて違いますので、「こんな言葉は現場では遣わない!!」などと断言はできませんが、警察庁でも警察本部でも警察署でも交番でも、私は聞いたことがありません。私としては、あまり合理的な言葉ではない気もしますし……というのも、警察署のことを指したいのであれば、シンプルに「署《ショ》」といった方が短くて早いから。職業人生における会話をふりかえってみても、「最近の○○署けしからんよね〜」「悪いけどそれは署で人出ししてもらうしかないよ」「それを警察署レベルでやれっての、ちょっと酷じゃない?」といったような喋り方はした記憶がありますが、「最近のあの所轄は」「所轄で人出し」「所轄レベルで」といった喋り方は、たぶんしていません。オフィシャルな用語でも、所轄する云々（動詞）とか、所轄警察署長（名詞の連語）という用例はありますが、裸の名詞で遣うことはまずありません。確か、踊る大捜査線がブレイクしたとき——これは部内でも評判がよかった——逆輸入する形で「支店」がすごく流行った記憶がありますが（もちろん冗談の文脈）、さて「ショカツ」は全然思い出せません。「署」「管轄区域」という言葉が、あまりにもアタリマエなので……

　最後に、ショカツとキャリアについて述べます。といっても所属長以下になると、キャリアはぐっと減る、というか珍獣レベルになります。小規模県なら、警察本部にキャリアの警視課長がたった1人、ということもありえます。学級に1人、くらいのイメージ。そしてそれ以下の階級で、キャリアはいません。これが大規模県だと、警察本部に警視課長が3人程度。ところが課長そのものの数が多いので、レア率は変わりません。そして大規模県ならば、警察署に警部が1人、はたまた警部補が1人という可能性があります。ただ地元組の人数にくらべたら、出現確率はゼロ近似でしょう。しかしここでも警視庁は別格で、キャリアの出現率は、課長以下でも破格の多さです。キャリアの警察署長も、折々の判断で、東京の様々な警察署に赴任しますし（その昔は、なんと京都にも署長ポストがありました）、管理官、課長代理、係長といったあたりに、キャリアポストがあります。もっとも、警視庁は約四万三、〇〇〇人と、警察官だけで街ができてしまう規模の組織ですから、そこにキャリアの警察署長が例えば1人いようが、管理官が2人いようが、課長代理・係長クラスが3人いようが、むしろ出現率は、他の大規模県より小さいのかも知れません。

なお、どの都道府県警察であっても、折々の判断で、それまでキャリアポストでなかったものがキャリアポストになったり（例えば警察学校長、監察官）、逆に、キャリア独占だったのが地元に返上されることはあります。それは、地元組の士気・感情に影響しないよう、数・職の重みといったものの、バランスをとりながら行われます。

都道府県警察どうしの関係

法律的にも、実務的にも対等です。

警視庁と大阪府警は対等ですし、島根県警と鳥取県警も、あるいは、北海道警と沖縄県警ももちろん対等です。

それぞれの縄張りは、もちろんそれぞれの県内です。都道府県警察は、それぞれの都道府県内において、警察のミッションを果たす組織です。

ここで、実は、物理的な縄張り意識は、あまりありません。県境がハッキリしている以上、いわゆる発生モノの事件をどこが処理するかは、あまり難しい問題ではありませんし、連続した犯罪で、発生地が多岐にわたる・転々としているといったようなときは、それぞれが協議しながら胴元を決めるか、警察庁が「アドバイス」で任務分担を決めるか、あるいは共同捜査・合同捜査にするか——いずれにせよ、我が国の都道府県警察にも、既に六〇年以上の歴史がありますから、事件管轄、あるいは管轄区域でもめるといった事例は、既に初期段階で腐るほど経験しています。それに対する修正パッチも多数、ほどこされています。したがって、例えば「やりたくない発生モノをどう回避するか」みたいな問題は生じえますが、それを機械的に、粛々と解決するプログラムは（法律であったり、規則であったり、通達であったりしますが）、既にインストールされているというわけです。どうにも揉めたら、警察庁が「アドバイス」すればそれで終わりですし。

事案がいわゆる内偵モノなら、もっと縄張り意識はありません。

内偵モノというのは、例えば贈収賄《ぞうしゅうわい》とか、詐欺とか、テロ計画といったような、警察側から掘り起こしてゆく事件のことですが、これはまさに「警察が熱意をもってやりたいからやる」タイプのもの。だから「どう回避するか」のタイプの縄張り争い——消極的権限争いと呼びますが——は生じません。「バッティング」タイプなら生じえます。しかしそれは、いわば戦国武将のノリで、早い者勝ち、功名《こうみょう》を挙げた者勝ち。内偵モノについては、もちろん事件捜査を的確かつスムーズに行うため、徹底した秘匿《ひとく》捜査をやりますが、これは同時に、「他の都道府県警察にもバレないようにやる」ということです。ですから、理想的なのは、真っ先に自分の県だけで被疑者もブツも確保してしまうこと——

これは現実的に可能です。全国において可能です。というのも、警察法の難しい議論を省略すれば、ぶっちゃけ、ある事件の捜査権というのは、ほんとうに乱暴に割り切ってしまえば「自分の県内にいる関係者にちょっとでも関係があれば」「自分の県内における警察のミッション遂行にちょっとでも関係があれば」主張することができますので。言い換えると、都道府県警察の管轄区域は自分の都道府県だけれど、そうした「ちょっとでも関係」条件がクリアされれば、都道府県警察は、その管轄区域を越えて、全国どこにでも（もし外国が認めたならその外国にも、あるいは宇宙空間にも）権限を及ぼすことができるのです。だから、その条件がクリアされたとき、刑事はバンバン県外出張しますし、平気で県外に拠点を設けて張り込みをしたり尾行をしたりしますし、もちろん県外で令状請求をすることもあれば、そもそも県外を捜索すべき場所とするガサ状をとることもあります。こうした県外での職権行使は、まったくナチュラルに行われますし、それがなされたからといって、地元警察が悪感情を持つことは——何らかの因縁がないかぎり——ありえません。というのも、お互い様だからです。

とはいえ、内偵モノの場合、やはり県内で掘り起こすのが基本です。功名を奪われるおそれが少ないから、といえなくもないですが……最大の理由は、コストが低いから。県内の捜査であれば、捜査費も、旅費も、人件費も抑えられます。地元だから、土地勘もある。関係警察署を動員すれば（まさか他県ではできません）、人員にも拠点にも問題はない。関係者とブツを押さえるのも、かなりの確率で成功が見込まれます。警察も予算で動く役所ですので、投入できるコストは限られますし、いつ発生モノが起きるかは分からないのですから、「最小のコストで最大の成果を」と思ったとき、内偵捜査は県内捜査が基本でしょう。もちろんステキな情報が入ったとき、他県の縄張りだからといって躊躇することは、ほとんどありませんが。

しかしステキな情報、ステキな事件になればなるほど、警察庁の関与は強くなります。例えば、愛媛県警が、ステキな事件の端緒を独自入手したとしましょう。もしルールによって、警察庁報告が義務付けられていれば、即報《そくほう》しなければならない。そうしたルールがないとしても、それがステキであればあるほど、愛媛県警は、自ら警察庁に報告しようとするはず。手柄だからです。いずれにしても、警察庁は、そのステキな事件情報を知ることになる。

ここで。

こうした報告事情は、四十七都道府県警察すべてについて一緒ですので、都道府県警察どうしはお互いのやっていることが分からなくとも、警察庁にはすぐ分かるわけです――「あっ、このステキな事件は香川県警と大阪府警が追っ掛けてるのと一緒だ」とか、「あっ、このステキな事件情報をつかんでいる警察は、全国で愛媛だけだ」とか。

そうすると、まあ、「アドバイス」が入りますよね。

前者であれば（愛媛の労をねぎらいつつ）どう香川・大阪と協力すべきか。後者であれば、独自でやり続けてよいか、関係警察の協力を得るべきか。この「独自でやり続けてよい」ということになれば、さっきの理想的なパターンとなりますが、それ以外のケースだと、警察庁の「アドバイス」に従って、いってみれば功名を分け合うことになる。

このような流れから理解されるとおり、都道府県警察どうしの「縄張り争い」というのは、権限行使の面からいえば、あまり意識される問題ではありません。

では、縄張り争いを離れて、お互いがお互いを、どう認識しているか。

これは、四十七人の人間関係と一緒です。

すなわち、仲の悪い組合せもあれば、仲の良い組合せも、互いにまったく無関心な組合せもあります。

都道府県警察のメンタリティ

まず、警視庁は別格ですから、都道府県警察では、もちろん自分が筆頭だと考えています。まあこれは歴史とプライドと実力からいって、傲慢《ごうまん》ではありません。例えば、最大のマンパワーを有している以上、日本のどこでもよいですが、大震災が発生したとき、警視庁の援助なくして諸対策が打てるということは、ありえません。また例えば、首都警察の特殊性として、あらゆる意味での特殊部隊を、それもかなりスキルレベルの高い特殊部隊を、数多く有しています（例えばNBCテロ対策であったり、要人警護であったり、突入部隊であったり、救難救護関係であったり……）。さらに例えば、日本の人口の一〇％程度は首都圏にいるわけですから、警視庁は、日本で起こるありとあらゆる事件事故を、それもかなりの数、取り扱うことになる。その経験・ノウハウの積み重ねは、全国警察にとっても財産といえましょう。そんなわけで、警視庁は、他の都道府県警察をライバル視しません。ライバルはいないし、いてはならない、いたら恥ずかしいというのが、日本警察最大組織の自負です。

次に、大規模県のメンタリティ（もちろん道・府が入ります）。これぞまさに人間関係そのもの。すなわち、「仮初めにも大規模県たるもの、警視庁と伍してゆかなければならない!!」と、警視庁に強烈なライバル意識を燃やす県もありますし、「いや、ウチはウチで頑張るから、警視庁とか関係ないです」という県もあれば、「もともとウチの定員では、四万人以上とは勝負になりませんよ」と警視庁を立てる県もあります。その大規模県相互でも、熾烈《しれつ》な競争をする県もあれば、我が道をゆく県もあり、あまり一般化できません。

最後に、中小規模県のメンタリティですが、これは意外に複雑です。そもそも、マンパワーでは警視庁・大規模県にかなわない。すると、「一芸に秀でて大規模県に勝とう!!」となるパターンがかなりあります。このタイプの事件にはやけに強い、この情報は必ずこの県がとってくる、あるいは、新しい制度の適用第一号は必ずこの県である

――みたいな感じで、「売り」を作って勝負する例がままある。そこまではゆかなくとも、「小規模県なんだから、せめて定員が同じ程度の某県には負けない」「中規模県の中では必ずトップをとる」というプライドを持っている県はあります。もちろん、人間／人間関係と一緒ですから、残念ながら、箸《はし》にも棒にもかからない……といった経営状態になってしまう県、どうにも士気が上がらなくなり、あらゆる評価が下がってしまう県、というのもあります。そうなると、他県に伍してゆくどころではなくなる。こうなると、社長人事・部長人事・署長人事で、大規模なテコ入れが行われるでしょう。

――以上、規模別のメンタリティについて見てみました。

ところが、都道府県警察のメンタリティは、規模だけによって決まるわけではありません。これも、人間と一緒です。

他に例えば、「専務」の要因があります。A県は刑事部門でトップクラスの実績、B県は生安部門でトップクラスの実績――となると、そこには「維持したい」「この分野なら他県に負けない」「ウチはこの分野を集中的に育ててゆく」というメンタリティが、生まれてくるでしょう。事実、小規模県にも、全国に名の響いた、一芸に秀でた職人警察官がいたりします。全国を巡回して、技能指導をするような職人です。また、これを裏から言えば、どうしてもこれだけは苦手だ、不思議とこの分野だけは不毛だ——という県も、あることになります。このあたりは、経営方針の問題もあるでしょうし、それまでの人材とノウハウの蓄積の問題も、あるかも知れません。

あとは、地域性の問題。

これは、物理的な位置関係の問題と、歴史的な人格形成の問題に分かれます。

まず物理的な位置関係ですが、一般論として、あるいは傾向として、隣接する都道府県はよくて中立以下です。このとき、お互いの規模がほぼ等しいとすれば、まず仲良しのお友達ではありえないでしょう。当然にライバルですし、先に説明した「県外での権限行使」のことを考えるとき、県内捜査の次にコストが安いのは隣県捜査ですから、縄張り争いの頻度が当然多くなる。いくら功名争いが当然で、縄張りなどあまり意識されないとはいっても、例えば、警視庁が神奈川県でコッソリ捜査する頻度と、沖縄県警が神奈川県でコッソリ捜査する頻度は、圧倒的に前者の方が多いでしょう。そして、「またやってやがる」「また来やがった」「また油揚げさらっていった」となれば、いくら全国展開は警察のならいと言ったところで、愉快な気分にはなりませんよね。県境を接しているということは、摩擦もストレスも多いということです——一般論としては。

最後に、歴史的な人格形成ですが、これは嘘のようなホントの話で、江戸時代の「藩」によって形成されてきたヒトのメンタリティが、存外、都道府県警察のメンタリティに影響する、という側面です。とりわけ、中小規模県についてはそうです。というのも、中小規模県は定員が限られており、かつ、「県内有数の企業」でもありますので、地元密着型の採用を行うからです。すなわち、県の規模が小さくなればなるほど、就職希望者は地元志向の学生／生徒で、要するにその県の出身者。定員の九五％以上が、その県の出身者で構成されている県警――という実例を私は知っていますし、それはきっと稀《まれ》ではない。こうなると、長い江戸時代を通じて形成されてきた例えば「伊予人」「土佐人」「讃岐人」「阿波人」といったメンタリティが、とても色濃く残ったりします。それは競争意識とか、ハングリーさとか、はたまた正直さ、陽気さ、誠実さといった基本的な性格要素にも影響を及ぼします。もちろん実務の処理にも直結します。

他方で大規模県は、代表例として警視庁を挙げますと、東京そのものが地方人の集合体みたいなものですし、事実、全国から人材が集まりますので、そうしたいわば「泥臭い」メンタリティは、ちょっと考えられません。はたまた、そうですね……北関東だと、東北から出て来たとか、甲信越から出て来たとかいった人材がパイとして多かったりして、自分たちのことを「田舎者の寄せ集め」とか自嘲したりします（それは当然、競争意識にも影響します）。関西だと、例えば九州から出て来た人材のパイが多く、ちょっと歴史的にドロッとした、おどろおどろとした地元人材に、さわやかなアクセントを入れてくれたりします（あまり言い過ぎるとアレなので……）。

この章では、警察の組織の、案外知られていないキモ・ツボについて、説明しました。

第4章　三〇万警察職員の人間学

職業的人格形成——後天的に獲得されるマインド

わざわざ「警察官になろう‼」なんて考える人は、おそらく先天的に正義感が強く、人のために何かしたいという義侠心《ぎきょうしん》を持っている人。このことは、想像に難くありません。

しかしながら。

先天的な性格特性がどのようなものかにかかわらず、ひとたび警察官になり、この会社の文化に染まると、後天的に、次のような人格形成が始まり、また次のようなマインドが獲得されてゆく。これは、私の職業人生における観察・接触から、それなりに自信を持って言えますし、理屈としても頷《うなず》いていただけると思います。

（1）時間を守る

警察官は概して規範意識が強い（規範を守らないといけない、という強迫観念がある）ものですが、それはまず、時間に非常にパンクチュアルになることに現れます。

ある意味、アタリマエですね。まず警察学校の段階で死ぬほど娑婆《しゃば》っ気を抜かれて躾《しつ》けられますし、巡査として勤務を始めたとき、組織のいちばんの「下っ端」が市民なり上官なりを待たせるなど、狂気の沙汰《さた》ですから。日常の勤務でも、1分後にどんな重大事件、どんな大規模災害が発生するかは分かりませんし、そのとき「出前迅速」でなければ、この平成29年、それはすぐ警察不祥事となり、SNSは大炎上でしょう。しばしばニュースで「選挙管理委員会の事務官が寝坊して投票所が開くのが遅れた」「車掌が寝坊して始発列車が遅れた」なんてことが報道されますが、警察官というのは、ここでいう選挙だの始発だのといったようなスペシャルイベントが、職業生活においてアタリマエに発生する職業なのです。よって時間厳守には、かなり神経質になります。

またこの「パンクチュアルであること」は、時間のマネジメント能力の強化にもつながります。すなわち常に「出前迅速」のスタンバイ状態なのですから、緊急性が少ないタスク処理については、「今日できることを明日に延ばさない」「次の1時間でできることは、すぐに片付けてしまう」といったマインドに、おのずから誘導されてゆく。
そしてこの、「今日できること」「次の1時間でできること」への対処が早くなるという傾向は、もっと些末《さまつ》な現象にもつながります。すなわち、言葉はアレですが「早寝早飯早グソ」といった感じ。とりわけ警察官は、食事をたべるのが異様に早い。刑事が外回りで、昼の休憩で中華料理屋に入ってようやく一息——なんてときは、まあ「いやあ、暑かったなあ」「アイツ、太い野郎でしたね、ふざけてやがる」などと雑談をしながらポツポツ箸を突くみたいなこともあるでしょうが、警察署で出前を食べるとか、署員食堂で食べるとか、オフィスの近くで外食とか、そうしたルーティーンとしての食事なら3分、せいぜい5分でお皿は空っぽでしょう。これまた、ルーティーンに時間を掛ける習慣を持たないから。そして食事という「今できるタスク」を早く終えれば、例えば昼の仮眠といった「次にできるタスク」の時間が作れるわけです（ちなみに三〇分、四五分でも仮眠をする警察官は多いです。デスクワークを持っている課の、お昼の一二時四五分あたりでは、ぜひお目に掛けたい死屍累々《ししるいるい》の光景が見られます）。

　加えて、呼び出しの問題があります。警察官は、二四時間三六五日、オフでも呼び出しの可能性があります。もちろん捜査一課の庶務担当管理官あるいは検視官と、地元の交番のおまわりさんでは頻度が違いますが、例えば大震災を想定したとき、根刮《ねこそ》ぎ動員されないことはありません。そこまでゆかずとも、先に見た、殺人の捜査本部が立ち上がったとき。署の管内で化学工場が爆発したとき。あるいはイタい話としては、誰かが手帳なり無線機なりを無くしたとき。イベントとしては枚挙に遑《いとま》がありません。すなわち、警察官はオフで昼寝するときも飲むときも、「携帯は必ず鳴るものだ」というマインドを持ちますし、またそう（おのずから）躾けられてゆきます。くどいようですが、どんな警察官でも、理論的には二四時間三六五日、油断できません。このとき、非常呼《ひじょうこ》集《しゅう》に遅れるなどということは、処分ものの不祥事ですし、何より同僚というか戦友に合わせる顔がありません。

そんなこんなで、もちろん有事における時間厳守も、警察官の基本的なマインドです。私の経験ですと、捜査本部が早朝6時に朝駆けの討ち入りをするガサがありまして、当日朝の5時に全捜査員を参集させ出発、という段取りをしました。ところがお恥ずかしいことに、確かその前夜、「どうやら県警が〇〇の事件に着手するらしいぞ」ということが、新聞記者に抜けたのです。しかも翌日の朝刊に載せる、といっている（実際には載せませんでした）。ここで、朝刊に着手の旨が載ったら、もちろん被疑者にバレちゃいますよね。証拠隠滅されちゃいます。パソコンで数秒です……すぐに令状の夜間執行・着手も考えましたが、何せ大がかりな討ち入りだった上、夜間の城攻めは椿事《ちんじ》の元、という戦術論もあります。そんなわけで、最終的には前夜の10時頃、全捜査員の参集を、当初の朝5時から4時に変更しました。というのも、討ち入り先・被疑者宅のエリアの新聞配達状況をすぐ調べたところ、おおむね「5時過ぎ」と分かったから。すなわち、それ以前に最速で朝刊を手に入れ、「書いてあれば間髪《かんはつ》を入れず執行、そのためには参集時刻を前倒しすべき」と考えたからです。この参集時間の前倒し変更は、すぐ全捜査員に流しました。私は捜査員を信頼していましたが……果たせるかな、一〇〇人弱に影響を与えたこの突然の時間変更によって、遅刻をした捜査員は、ただの一人もいませんでした。

（2）ルールを守る

さて時間に限らず、警察官は、ルールを守ることについて、強迫的なこだわりを持っています。これは、やはり正義感の帰結でもあるでしょう。しかしそれが「強迫的」なものになるのは、外からのプレッシャーが強いからです。ここで「外」とは、警察部外の市民、ということでもあれば、その警察官以外の「上官・同僚」ということでもあります。まず、「市民の目」というものの力は、存外強いです。これは実際に見ていようと、実は全然見ていなかろうと一緒です。すなわち警察官には、観念的・理論的な「市民の目」がインストールされているのです。市民の視線が内在化している、といってもいい。つまり、それが合理的な警察官であれば、正義感などどくそくらえと思っていても、バレたとき市民からボコボコに叩かれることはしません。実際、最近はどんなことでも（例えば赤信号で横断歩道を渡った、立ち小便をした、バスで騒いだなど）、たちまち警察署、あるいは警察本部に苦情が入ります。まあ、市民の方の期待の裏返しですよね、きっと。

さて苦情が入りますと、クレーマーだの苦情マニアだのは別論、とにかく実態を把握して、内容を検証して、申し立てた方が御希望なら、処理結果をお伝えするかも知れない。そうしますと、時に実に些末なルール違反が、組織の問題――組織が調査あるいは監察する問題になります。これは、大きいです。というのも、警察官＝公務員の非行は、たとえそれが私生活上の、まったくプライベートなものでも、懲戒処分の対象となりますので。例えば、警察官の不倫が懲戒処分の対象となるのはこのためです。

そして懲戒処分等を喰らうと、たとえ職と給与に影響のない処分であったとしても、確実に身上記録に残りますし、よって今後の昇進・昇任、そしてそのための昇任試験に、重大なインパクトが生じます。となれば、些末なルール違反で「揚げ足をとられ」（これは警察官の主観です）、処分まで想定されるなんてバカなことは、まったく割に合いません――そう、私が先ほどから合理的、合理的と繰り返しているのは、メリットとデメリットのバランスを合理的に考えられる人間が、些末なルール違反で今後の職業人生にミソをつけることなどしない、というニュアンスを示すためです。

このような思考パターンが染み着いてくると、警察官は予防的になり、また臆病になります。すなわち、些末なルール違反すら（バカバカしいから）しない、というマインドが形成されてきます。私生活でも、一般の方とできるだけ揉めない、というマインドに基づいて動くようになります。

また逆に、「ルールを守らない」「私生活がだらしない」「言動がいい加減」となりますと、今度は警察部内の視線も、かなり厳しくなります。決裁・検討会の時間に遅刻する、必要な書類を作っていない、外に出たまま帰ってこない、私用電話ばっかりしている、はたまた、靴を磨いていない、髪の襟足《えりあし》がボサボサ、シャツの裾《すそ》を出している

(!!)、ワイシャツの下のTシャツが黒い(!?)などなどといったことは、上官には危険なサインととられますし、同僚には「バカな奴」と思われます。上官は、陰に陽に、身上管理を厳しくするでしょう。また同僚は、そうした人間は要は「使えない奴」ですから、早々に見切りをつけ、相手にしなくなります。喫煙所その他は、その「使えない奴」の悪口であふれることでしょう。

私の経験でも、若い刑事の頃は、先輩刑事たちに「なあ古野係長、アイツみたいな口だけ野郎にだけはなっちゃ駄目だぜ」「偉くなったら、ああいう奴がまず爆弾になるから、今のうちによく観察しときな」「ああいうのに限って、上への取り入りが上手いんだ、気を付けろよ」などと、まあ若僧の余所者《よそもの》によくもそこまで同僚のことを明け透けに教えてくれるものだ、というほどの情報が(訊いてもいないのに)得られましたし、管理職の頃は女房役に「あれだけは次の異動で出さないといけません」「ああいう汚い小細工するタイプは、絶対に本部には置けません」「口だけだったら誰でもできるんです」「あんな決裁に2週間も掛ける奴は、いりません」と、結構ズバズバ教えてもらったりしました。同僚による査定、上官による生活態度の査定というのは、警察部内では、かなりシビアなものです。これが自分の外からのプレッシャーとなり、それがルールへのこだわりになります。

（3）和をもって尊しとなす

これは、「警察部内の和をもって尊しとなす」というニュアンスです。すなわち警察は、最終的には、非常に団結力・凝縮性の強い組織です。これには、歴史的経緯があります。

すなわち、戦後の社会主義的・共産主義的な風潮です。サンフランシスコ講和条約、六〇年安保、七〇年安保といった歴史の折節《おりふし》で、警察は市民社会から激しく叩かれ、厭《いと》われ、阻害されました。あまり知られていませんが、暗殺された警察官も複数いれば、襲撃された警察署・交番も無数にあります。平成29年の今はかなり薄れてきましたが、昭和の時代の、市民の「警察アレルギー」はかなり強かった――少なくとも、ノイズィ・マイノリティとメディアのそれはとても激しく、そして異様だった。そう個人的には思います。もともとこの本、個人的な本ですが。

そうした歴史的経緯から、警察は、本能的に――DNAにインプリントされているとでも言いますか――市民と市民社会に対する、一定の警戒感を持っています。それは、市民を敵視するとかいったことではなく、「必ず叩かれる」「必ず非難される」「必ず攻撃される」といった、まあ、いじめられっ子の被害感情というか恐怖心。実際、犬呼ばわりされてきたのですから（昔々は例えば「吉田反動内閣の犬!!」みたいなのがテンプレでした）、これに理由がないとは言えないでしょう。

そうしますと。

どれだけ警察部内でケンカがあろうと、内ゲバがあろうと、権力闘争が（仮に）あろうと、警察部外に対しては結束します。まさに警察一家として、家族と家を守ろうとする。よく「組織を団結させるのはカンタンだ、敵を作ればいい」といいますが、警察の場合、最初から敵だらけだったので、仲間どうし助け合ってやっていこう、せめて家族だけはお互いに守ってゆこう――というマインドが育ち、今でもそれは強いと思います。

また、警察の団結力・凝縮性は、歴史的経緯のみならず、職務の特性そのものからも説明できます。すなわち、一般社会において競合他社がほとんどない、ほぼ独占に等しい業種。しかも、取り扱うのは「個人の生命・身体・財産」「公共の安全と秩序」ですから、当然、プライバシーにわたるものも多ければ、秘密にわたるものも多い。シンプルには、「一般社会に仲間が少ない」「理解してもらえる友達が少ない」組織だということです。なお、組織がそうだ、ということです。警察官個人は、むしろ人好きのするタイプが多い――しかし、個人がどれだけ魅力的な人間だとしても、その職業生活について語れることがほとんどなかったり、端的《たんてき》には愚痴《ぐち》もこぼす先がないとなれば（飲み屋でもなかなか安心できません）、交友関係は限られますし、どうしても、「同じ文化」「同じ言語」を分かち合う仲間との団結力が強まるでしょう。警察官の部内結婚が少なくないのは、その一例だと思います（ちなみに、警察官以外だと、体感的には看護師さんが多いです。仕事の特性がとても似ているからだと勘繰《かんぐ》ったりします）。

さて。

そうした経緯・背景から、「警察一家」の団結力・凝縮性はとても強い。これを裏から言うと、ひとたび「警察一家」の盃《さかずき》を受けたら、その文化・言語・掟《おきて》に順応する必要があるし、順応せずに和を乱すようなことをすれば、たちまち「警察一家」から阻害される――そういうことにもなります。

したがって、例えば、警察官どうしのケンカというものは、あまり派手な／公然たるものにはなりません。直接肉弾戦をするなんてことは、どの会社においてもないでしょうが、直接罵声を浴びせたり非難をすることも、警察では稀です。そうしたことを仕掛けること自体、「警察一家」の和なり空気なりを乱すからです。ゆえに、とうとう大声で口ゲンカが始まったともなれば、執務室の空気が一変し、当事者以外は上官もひっくるめて針の音を落としても気付けるほど静まりかえります。固唾《かたず》を呑む、というか……口ゲンカ程度で、それほどめずらしい異常事態です。

さて、警察官どうしがケンカしますと（というか、仲が険悪になりますと）、まず口を利かなくなります。物理的にも、できるだけ距離を置くようになる。そして表立っては、絶対に波風立てません。いってみれば、冷戦が基本です。そして、いないところで、それはもう聞くに堪えない罵詈《ばり》雑言《ぞうごん》を発する……ようなことも、あります。まあ戦争手段の基本は、悪口の伝播《でんぱ》。戦争方針の基本は、「自分がいかに警察の掟を守っているか」「アイツがいかに警察の常識から外れているか」を、周囲に理解させること。おのずから、まあ、陰湿になります。ちょっと子供っぽいところも。回覧をまわしてきたらいきなり席を立ったり、ソイツ以外とやたら楽しく雑談したり、ソイツが笑い声でも出そうものなら机を蹴り上げたり……なんてことも、あるかも知れません。ここで、警察官はヒトを相手にする商売ですから、もちろんヒトの感情、とりわけネガティブな感情には敏感。そんな冷戦が始まれば、執務室が一緒のメンツにはすぐ分かりますし、喫煙所・

トイレ・当直などを通じて、噂はあっという間に広がる。そうなると、他所属であったり他係であったり、とにかく安全地帯にいる警察官にとっては適度なレクリエーション。もちろん、交戦地域が自分の所属であったり自分の係であったりすれば、なんともいえない、イヤ~な感じの、どろ~んとした感じの空気が蔓延《まんえん》します。

私の経験だと、ある県に勤務したとき「A課長補佐がどうにも実務的にちょっと不慣れで、警部補以下の信頼をなくし、その島の警部補以下が全員、A課長補佐の下では仕事ができない、A課長補佐を飛ばして決裁を受けたいと言っている」なんて紛議に出くわしたことがあります。私自身、空気が悪いことを察知して、その島にちょくちょく出向いては（煙草などを吸いに行きました。当時は、室内で喫煙ができましたので、よい口実でした）コッソリ実態把握をしていたのですが……その矢先、とりまとめの警部補から「もうA補佐には耐えられません」と直訴まで受けたのです。上官への直訴となると、「和を乱す」わけですから、生半可な覚悟ではありません。ただ課長補佐＝警部は実務の要。警察本部の警部となれば、エリートでもある。あからさまな措置をとれば、職業人生にキズがつくほどのトラウマを与えてしまいますし、そもそも人事措置なんかとることはできません。しかも、間の悪いことにA課長補佐は着任したばかりで、少なくともあと2年は異動がない……ところがA課長補佐を放置しておけば、それこそその係は公然、叛乱《はんらん》かサボタージュをしかねない……これ、そんなに昔の話ではないので、解決した方法を書くのは差し控えますが、A課長補佐と警部補たち双方のメンツを「和を乱さないように」立てるのは、くだらない話かも知れませんが、大変でした。

このように、「和をもって尊しとなす」には、ネガティブな側面があります。

しかしもちろん、ポジティブな側面もあります。

例えば、「嫌なタスクを進んで引き受ける」という文化。これは、例えば1つの執務室内であったり、1つの係内であったりと、常に顔を突き合わせて仕事をしなければならない親密な集団における現象です（裏から言うと、警察部内でも、そうした親密さのない警察官／所属／部門となら、平然と消極的権限争いとか内ゲバをしますし、派手にドンパチするかも知れません）。ただ、どんなくだらないことにも、どんな重要なことにも適用される文化です。

例えば、執務室内で夜、軽く飲み会をやる。誰が事前に買い出しに出て、デリバリーを手配して、テーブルセッティングをして、開始時刻5分前までには準備万端、整えておくか。誰が偉い人に声を掛けるか。終わったあと誰が皿洗いをして、執務室を元の状態にもどしておくか。あるいは、物日《ものび》・イベント月で誰もが忙しいとか、当直時間帯の深夜2時でそろそろ仮眠時間前だとかのとき、いきなり飛び込んできた変死事案に誰が臨場するか。その変死事案において、誰が首吊り自殺してしまった方の御遺体を下ろすか。直腸温を測るのは誰か。それが列車に飛び込んだ轢死《れきし》事案なら、誰が率先して御遺体の肉片を集めるか。いきなり飛び込んできた事案が侵入盗なら、誰が臨場してその実況見分などを引き受けるか。放火事案の現場で、率先してシャベルと鶴嘴《つるはし》で現場を掘り起こすのは誰か。無銭飲食野郎が大トラで、警察署に引っぱってきても大暴れして怒鳴り上げているとき、誰がその取調べというかお相手を担当するか。自分たちとは直接関係しない「御警衛のプロジェクト」とか「捜査本部」へ人出しをしなければならないとき、誰が名乗り出るか。もっと一般的に、嫌な上官への決裁・報告・真夜中の電話は誰がするか。はたまた、けしからんことですが、上官がイカレたタイプで、年賀状の宛名書きを命令してきたとき、誰が黙って従うか／諫言《かんげん》するか……

無数に例は挙げられますが、内心誰もが当初は「あっ、できれば回避したい」と感じてしまうタスクほど、実は粛々《しゅくしゅく》と担当者が決まることが多いです。

和を乱さないため、空気を悪くしないため——

それはこの場合、「嫌なタスクほど進んで手を挙げなければならない」「誰もやりたがらないものこそ、自分が泥を被らなければならない」「誰もが嫌なタスクを回避する組織は、見苦しい」「皆がブックサいって揉めるくらいだったら、俺が手を挙げればすむ」「俺が進んで名乗りを上げなければ、皆が嫌な思いをしたままになる」という文化に、つながってゆきます。そうした、ある種のいさぎよさと諦めと自己犠牲のマインドが、警察官にはあります。ですから、非常に些末《さまつ》な例を挙げますと、お客様の使ったグラスとか、臨場後の出動服とか、執務室内の各人の湯呑みとかの「洗い物関係」は（果てはトイレ掃除）、タスク処理の候補者が複数いるのであれば、奪い合いになります。家族内・仲間内では「腰が引けている」のが最悪であり、「一歩前へ!!」が在るべき姿だからです。仲間への思いやり、と一般化できるかも知れませんが、思いやりの側面もあれば、自分の誇りの発露《はつろ》という面もあります。

上官との関係

警察官の人間関係といえば、映画・ドラマでも花盛りですが、上官とのそれが特徴的でしょう。なにせ、一般社会にはない「階級」がありますから。よってここでは、交番、警察署、警察本部における上官の実態、あるいは権力関係＝人間関係の実際を見てゆきましょう（なおこの本では、私の好みで「上官」という言葉を遣っていますが、実は、社内ではこんなカタい言葉は用いません）。

（1）交番

交番所長、ブロック長といった交番の責任者は警部補（係長）です。先に説明したとおり、警察署は1つの課、署長は課長に相当するわけですから、署長直参の警察署課長は実は課長補佐、その次の、出張所である交番の長は係長となるわけです。

ここで、交番には1日当たり最低2人の警察官がいますが、駅前などのメジャーな交番だと4、5人はいるでしょう。そちらについて考えますと、係長が出張所長としてその日の責任者になり、残る巡査部長が主任として、巡査長が班長として、巡査が係員として、仕事をする。このとき、確かに職制上は、係長―主任―係員といったラインが形成されますが、二十四時間勤務をする1つのチームで、あまり細かいラインを気にすることはありません。係長が統括で、あとは臨機応変にチームを組み、あるいは単独で、職務執行することになる。

すなわち、「上官」といったとき、職制上のライン（係長だから上官だとか、主任だから上官だとか）はあまり意識されません。もっと乱暴に言ってしまえば、下《シタ》の仲間意識が強いのが一般です（時に係長も含めて、一体感が強い）。そして、せいぜいが5人程度のユニットで、しかも狭い出張所にずっと詰めて顔を合わせるわけですから、上官がどうの、部下がどうの、命令がどうのという話には、あまりなりません。重ねて、交番は実質「係長がいる係」ですから。例えば市役所でいえば、交番のユニットというのは、1つのデスクの島といった規模・イメージ。そこに権力関係というモノを想定するのは、ちょっと……係長にも、ぶっちゃけ論で、アットホームにモノ申せるのが普通です。ただ、赴任してきた係長が専務のバリバリのエリートで、どうせ半年~1年後には専務に帰ってしまうといったとき、こうしたバリバリ係長は仕事ができますし、そもそも交番部門に対してある種の先入観を持っていますから、「スパルタ式」の業務管理を始めることはありえます。

（2）警察署の場合

キーパーソンは、警部です。警察の仕事は警部が切り盛りしている、といわれますが、警部は最初の管理職であり、実務の中核になる階級ですから、妥当な表現だと思います。だからこそ警察官は、いよいよ警部に昇任すると、職業人生で初めて、東京の警察大学校に「懲役4か月、罰金一〇〇万円」といわれる「警部任用科」への入校を強いられるのです（いいこともあります。他県の警部とのネットワークが「同期の絆」としてできます）。

その警部は、警察署では、これも説明したとおり課長です（モデルケース）。これは組織としては、実は課長補佐クラスであることも述べました。重ねて、警察署は署長を課長とする1つの課ととらえられるからです。

具体的には、警部は、警察署の例えば「警務課長」「生活安全課長」「刑事一課長」「交通課長」「警備課長」といった、専務のタテワリに従ったポストに配置されます。そして、生活安全課長であれば、その警察署の管轄区域における、生活安全部門のあらゆる仕事を請け負います。その請負主が、実際上、警部というわけです。

むろん、警部だけで仕事はできません。これは実質、課長補佐クラスですから。市役所でいえば、複数の係／係長／デスクの島を束ねる、まあちょっと奥の方に座っている人といった感じ。そしてそれぞれの課は、最低1つの執務室を与えられていますので、警部は、その密室の（まあ、ドアを閉ざさない課が普通ですが――特殊な課を除いて）トップといった位置付けになります。

ここで。

第一に、警部は管理職、警部補以下は実働員です。よって、警部は決裁官としての面を持ち、また人事管理・業務管理・勤務管理を行います。警部補以下は、行われる側です。よって、ここには交番にはない「隔たり」「距離感」があります。第二に、警察署の課長は、その専務のあらゆる仕事を請け負う者です。よって、課長はギルドの前線指揮官として、警察本部のギルドの人事管理・業務管理を、こんどは自分が、受ける側になります。第三に、それにもかかわらず、そしてもちろん、警部課長は署長の部下です。よって、課長は署長の直参として、署長の人事管理・業務管理・勤務管理はもちろん、無制限な命令を受ける者になります。

そうしますと……

警察署の警部課長は、全能神である警察署長の意思に全面的に従いつつ、「自分と自分のやりたい仕事の将来を左右する」ギルドの統制も受けながら、警部補以下を上手く運用して、請け負った仕事の売上を、あげてゆかなければならない。こういうことになります。署長の意思。ギルドの意思。自分の意思。部下職員の意思。この複雑な関数を、「売上増」という答えに導くため、解かなければならない。そしてしばしば、この四者の意思は矛盾し対立します。既に説明したとおり、署長はジェネラリストの職ですが、ギルドは専門家集団ですし、警部補以下の部下職員は――とりわけ交番のアットホームなイメージから解るとおり――シマとして団結しますので。

　すると、警察署の運営においては、「上官」「命令」「ライン」「権力関係」といったものが、交番より遥かに色濃く浮かび上がります。それはそうです。警部は管理職ですから、命令なんて仰々《ぎょうぎょう》しい言葉はまず遣わないにしろ、あらゆるタスク処理――どんな事件をやるか、どんな施策を打つか、どんな情報をとってくるか、いつやるか、誰にやらせるか、任務分担はどうするか等々――を取り仕切り伝達するのは、実際上、すべて命令でしょう。もっと些末なことだと、勤務シフトをどうするかとか、当直・捜本への人出しをどうするかとか、昇任試験に受かるよう叱咤《しった》するとか、奥さんとの不和をどうにかしろと諭《さと》すとか、もっとやる気を出して仕事しろと気合いを入れるとか、これすべて上官の決断であり、最終的には命令です（重ねて、社内では「命令」などという言葉は、およそ軽々しくは遣いません。明示的に「命令」といったなら、それはリーサル・ウェポンの発動です）。すなわち、警部は実際上の命令を数多くする立場である。

ところが、警部補以下の実働員は、往々にして職人性に誇りを持ったプロですし、「実は年次的に課長の先輩だ」なんてことは全くめずらしくもありません。すると、命令者が警部クラスなら、あまり「命令された」「従わなきゃ」という感覚は、持たないはずです。社会常識で考えても、警部補（係長）と警部（課長補佐クラス）は1階級しか違いませんし、同じ執務室で連日、お互いを値踏みしている間柄。物理的な距離が近いということは、お互いの人間性までカンタンに解るということです。まして、係長は自分の係という部隊を持っていますから、いってみれば古参の下士官といったポジション。軍隊の例を見ても解るとおり、軍曹・伍長といったあたりは、「かなり厄介」ですよね。実際、警部補あたりは、舐めた警部のことを平気で綽名《あだな》で呼んだり呼び捨てにしたりします……

すなわち、警部と警部補の距離感と関係は、かなり微妙なところがあり、しかも警部は管理職ですから、それを乗り越えて実績を挙げてゆかなければならない。キャラクタにもよりますが、警部は「舐められやすい」ポジションですし、裏から言えば、いよいよ組織人としての総合的な実力が問われるポジションです。「上級幹部への最初の登竜《とうりゅう》門《もん》」であるというのも、納得できます。

しかしながら――

話が署長・副署長となると、まるで違ってきます。警察文化の、不思議なところです。すなわち。

署長はオヤジ、全能神。副署長はオフクロ、厳しくてうるさい。

警察署長は一般に警視（大規模署だと警視正）ですが、重ねて1つの所属の「所属長」。管轄区域における警察のすべてのミッションの最高指揮官ですから、軍艦を一隻、与えられた艦長のようなものです（それ以上の上官が座乗《ざじょう》していないことも、軍艦と一緒です）。警視と警部も1階級違うだけですが、所属長警視と警部とでは、まるで存在感が異なる。それはそうです。その責任と職務からして、署長は市長、消防署長といった職と同等あるいはそれ以上の重要性を持つのですから。実際、警察署長にとって、自分の部下職員（署員）は、煮て食おうと焼いて食おうと一切合切、勝手気儘《かってきまま》です。理論的には、どのような人事もできますし、どのような命令もできますし、どのようなペナルティを科すこともできます（「理論的には」といったのは、実際的には、各ギルドの統制があるからです）。軍艦において艦長が神聖なものであるように、警察署においては、署長は神聖なもの。気に食う気に食わない、ムカつくムカつかない、仲の良い悪い、そもそも後輩だったから面白くない……等々はそれはあるでしょうが、正面切って署長に楯突いたり、正面切って署長のメンツを潰す警察官は、まずいない。たとえ古強者《ふるつわもの》の下士官であっても、です。

これは逆に言えば、警部とはまた違った問題を生じさせます。すなわち、「まず畏怖《いふ》されてしまう」ことから、まったく軽い気持ちで——すなわち命令でも何でもなく——ぽろりと漏らしたことが、すわ命令だ、絶対だ、と受け止められがちなこと。あるいは、祭り上げられるあまり、署の実情が解らなくなること。はたまた、下からの意見具申《いけんぐしん》なり諫言《かんげん》なりが、なかなか期待できないことです（もちろん、警察署長にまでなる人材であれば、こんな隘路《あいろ》は理解し尽くしていますから、軍艦の艦長がするような人心掌握は当然に行いますし、実るほど頭《こうべ》を垂れる、あるいは気さくになるようになります。まあ時折、突飛なキャラクタが出現するのは、どこの組織にでもあるでしょう……）。私の経験でも、お会いした警察署長さんのマジョリティは、人格識見ともにそれぞれの県を支えるにふさわしい、いわゆる「人格者」「人徳者」「名君」でした（ただ正直、「コイツ殺してやろうかしらん」と思った方も、職業人生で通算3人おられます）。

他方、副署長＝オフクロは、いってみれば家事一切・家政一切・躾《しつけ》の一切を取り仕切る存在です。まさに、オフクロ。職制上も、副署長は警視で、警察本部でいえば「次席」「次長」のポジション。すなわち課のナンバー2として、とりわけヒト・モノ・カネを、それは細かい所まで、取り扱います（庶務係の実質トップ）。また決裁官としては、署長室の前に（物理的にも）立ち塞がる最終関門ですから、署長の了解なり決裁なりをもらいたければ、まず副署長を落とす必要が絶対にある。そしてオフクロは、オヤジに恥を掻かせることができません。自然、チェックが厳しくなります。のび太のママ型になるか、ジャイアンの母ちゃん型になるか、それは色々でしょうが、いずれにせよ、オヤジより細かい所を把握し、細かい所を突いてくる、あまり誤魔化しの利かない人――それがオフクロ＝副署長のポジションです。副署長の言葉もまた、それなりに重いものです。

ただしかし。そこはやっぱりオフクロなので、オヤジに対するよりは、ぶっちゃけ話《ばなし》がしやすい。というのも、最高指揮官・艦長である署長に話を持っていってしまえば、その瞬間・その時点で、すべてはオフィシャルになり、そのときの署長の言葉が、組織の意思になるから。裏から言うと、副署長までのところで止めておくと、「最終判断までは求めていない」「相談・根回しレベル」「まだ勝負は掛けない」という段階ですむわけです。すごくシンプルな話、ある事件に着手するかどうか迷っている、としましょう。課・係で方針を立てて決裁に行くのは当然ですが、副署長までなら、まだ答えは確定しないわけです。「こうは決めましたが、迷っています。理由はかくかくしかじかで……」と正直に言えなくもない。ところが、不用意に署長決裁に上がって、署長が意見を固めてしまったなら、それはもう絶対に動かない。「バクチの目が出てしまう」わけです。そういう意味で、オフクロは、言い方はともかく、まだ甘えが利きますし、またそういう存在でなければ、署長と署員とのパイプにはなれないでしょう。

時に署長が意地になったとき、説得したり宥《なだ》めたり諌《いさ》めたりすることができるのも、「夫婦」としてともに家庭を運営している副署長です。署長の側も、「副サンが言うならまあ……」と納得したり、あるいは自分から「これ副署長はどう思ってるんだ？　ホントにこれでいいのか？」と、署長室からひょっこり出てきて、副署長に訊いたりします。

（３）警察本部の場合

「上官」「命令」といったものは、警察本部では、どのように意識されるのでしょうか？

　繰り返しになりますが、警察署と、警察本部の課は、「所属」として同格です。したがいまして、警察本部というのは、警察署が何署も何署も入っている、署の巣窟《そうくつ》みたいなところになります。例えば、「捜査一課」「交通規制課」というのが、それぞれ1つの警察署と同格で、同様の職制を持っているわけです。

　具体的な、モデルとしては――

「保安課」であれば、所属長警視が保安課長で、署長と同格。ナンバー2の保安課次席も警視で、副署長と同格。この下に、多くの課長補佐（警部）がいて、これは階級から解るとおり、警察署の課長と同格です。そして警察署の課のように、警部の下に警部補以下のユニットが複数置かれ、実働員として機能します。

　違う課でもっと具体的にいえば――

「警備企画課」であれば、警備企画課長―警備課次席―課長補佐（企画）／課長補佐（資料）／課長補佐（第1）／課長補佐（第2）／課長補佐（第3）／課長補佐（指導）／課長補佐（事件）……といった編制になり、さらに、それぞれの係が、例えば、課長補佐（事件）―係長（事件第1）／係長（事件第2）、とタスクごとに細分化されてゆきます（ページの都合上、「管理官」「ホニャラカ室長」「〇〇対策官」といった、課長補佐と次席・課長の中間に置かれる職は、割愛します）。

さてここでも、実務の切り盛りをするのは、警部です。すなわち、警察本部を実質、回しているのは課長補佐です。それぞれの課長補佐は、部下の係長・主任を動かして、最大の売上があがるようにしますし、そのときの労苦というのは、警察署の課長と変わりません。ただし、警察本部に登用された警部となると、警部の中でも「使える」警部なので、例えば実務能力で下に舐められる、といったことは、あまりありません。裏から言えば、「あまりに残念な」人材だと、すぐ下克上《げこくじょう》が起こります。ガン無視もありです。

そして課長補佐は、自分の係がやりたいことをやるために、次席・課長を動かさなければなりません。これは、警察署で副署長・署長の決裁が必要なのと一緒です。ここで、確かに署長と課長は同格ですが、署長がジェネラリスト職であるのに対し、課長はまさにスペシャリスト職。ギルドの長《おさ》です。そうすると、確かに課のオヤジはオヤジですが、家長・権威・威厳云々というよりは、ボス・権力・統制という性格が、より強くなります。すなわち、必ずしも人格面は問われない。問われるのは「詰め」「堅実さ」「専門性」ですから。そうすると、オフクロである次席がかなりうるさ型になる——というかならざるをえない——のに加え、警察本部では、オヤジである課長もなかなかに細かくてしつこい、ということが起こりえます。

というのも。

これが警察署なら、1隻の軍艦みたいなもの。署長が艦長で独裁官。それ以上の上官はどこにもいません。ところが警察本部には、課長の上にまだまだ参事官、部長、本部長といった上官が、ゴロゴロいるのです。軍艦の艦長と、海軍省の課長では、当然メンタリティが違ってくるでしょう。カンタンにいえば、一緒の建物にあるいは付近に必ず上官がいれば、嫌でもそれを意識した仕事をせざるをえない、ということです。そして問題は、メンタリティの側面だけにとどまりません。例えば警察署長は独裁官ですから、自分自身は、誰の決裁を受ける必要もない。システム的にありえない。ところが警察本部の課長は、署長と同格の職でありながら、かなり自分自身でバタバタと、腰軽く、決裁印をもらうスタンプラリーに出撃しなければなりません。なるほど課のオヤジとして、課長補佐を切り盛りしてあるいは詰めまくって自分の経営方針を示すことはできますが……まあ警察本部だと「所詮《しょせん》は課長」。その経営方針は、最終的には警察本部長に了解してもらわなければ意味がない。そして、私が赴任した各都道府県警察では、「部長決裁まではともかくとして、警務部長決裁・本部長決裁は課長の仕事。部下に本部長決裁を投げるような課長はクソ」という掟《おきて》みたいなものがありました（よいことだと思います。警部は忙しいですし、課の経営方針を自分の口で説明するのは課長であるべきですから）。そうしますと、それまで課長補佐をガンガンに詰めていた課長は、今度は本部長にガンガンに詰められることになる。というか、課長補佐をガンガンに詰めておかないと、とても（真っ当な）本部長から決裁を勝ち取ることはできません。

こんなわけで。

格は一緒でも、警察署長に比べ、警察本部の課長の統制は、より細かく口うるさいものになります。とすれば必然的に、課長補佐が「ああ、どうしても課長決裁がもらえないよ……」「もうこれで3回目のアタックなんだけどなあ……」「ていうか言うとおりにしたら絶対ヤバいんだけど……」と懊悩《おうのう》することも多くなる。それと全く同様に、課長自身も「なんだよ本部長、いくら機嫌悪いからって書類を投げつけるか？」「言いたいことは解ってますけど警察庁が許してくれないんです‼」「１時間順番待ちした挙げ句、1分で駄目出しかよ……」と懊悩するわけです。

もちろんそこに「命令」「階級」などという生々しい言葉も脅しもありませんが、そんな言葉を遣うまでもなく、ナチュラルにシビアな権力関係があることは間違いありません。

役所における決裁官の力、ハンコパワーの威力は絶大ですが、こと実力組織・実力部隊である警察においては、取り扱っているものが「個人の生命・身体・財産」「公共の安全と秩序」だけあって、決裁する上《ウエ》の責任はおそろしく重大です（人の生死に直結します）。大なり小なり命懸け。したがって、その判断も意見もハンコも、部下職員にとっては無視できないプレッシャーになります。なんといっても、イザというとき詰め腹を切るのは上。キチンとその準備をしてもらうためにも、フェアプレイでハンコをもらい、サボタージュなく実行する。さもなくば、今度は部下本人が詰め腹を切ることになりかねません……

上の統制が強く、ハンコパワーが絶大だということは、フェアプレイをしているかぎり、下には累《るい》が及ばないということ。このあたりを踏まえると、「上官の命令は絶対」「階級社会で上にはモノが言えない」といった月並みなテーゼは、ちょっと違うというか、真実の一側面だけを切りとったもののような気がします。

警察部外との人間関係――コミュニケーション術

(1) 市民の方との関係

先に、発生モノと内偵モノ――例えば殺人と贈収賄――についてお話ししましたが、これは要するに即応型と仕込み型、待ち受け型と出撃型、受動タイプと能動タイプです。殺人事件はないかなあ、なんて出撃してゆくことはありませんし、逆に、どれだけ待っていても贈収賄は摘発できませんから。

市民の方との関係も、例えばこの2類型で説明できます。

第一に、受動タイプ。これは日々のタスク処理の中で、無数の当事者・関係者とお会いすることになるので、そこで育まれる人間関係になります。事件が起これば、もちろん被疑者といちばんコミュニケーションをとることになる。ほぼ同一レベルで、被害者の方。そして、それぞれの家族。もちろんそれだけではありません。目撃者、情報提供者、鑑定人、通訳人……要は、捜査書類に登場するすべての人々がまさに事件の『登場人物』となります。ここで、被害者の方とは、いってみればともに正義を実現する同志ですから、それが重要事件であればあるほど、濃密な人間関係が形成されることになるでしょう。また、取調べをイメージしても解るとおり、警察官とりわけ調べ官と被疑者の関係は、人間と人間の、全人格を懸けた一大勝負。まさに一騎討ち。ほぼ二〇日間、えんえん1つの部屋で、それまでの人生と、事件を頂点とする人生のハイライトとを語り合うわけですから、ひょっとしたら、この世で最もドラマティックで、最も濃縮された、最も「命懸け」の人間関係かも知れません。だって例えば殺人の被疑者なら、まさに懸かっているのは自分の命ですから。ゆえに、まさか刑事が自分の落とした被疑者のことを忘れることはありませんし、それが社会とメディアを沸騰《ふっとう》させた事件の被疑者なら、後々まで後輩に語り継いでゆくいわば武勲《ぶくん》です。刑事が照れながら「マア、あのときアイツを調べたのは実は俺でな……」なんて語り始めたら、そんじょそこらの下手なミステリ以上の衝撃と感動を受けること、請け合いです（もちろん、冤罪《えんざい》ではなかったというのが大前提ですが!!）。

さて、そうした被害者・被疑者との人間関係ですが、それは刑事のスタイルとキャラクタにもよりますが、事件の終局処理が終わっても、継続することはあります。まあ死刑になった被疑者とは無理ですが、更生した被疑者（というか、刑期を終えた人など）と刑事が交流しているということはめずらしくもありませんし、そちらから警察署にやってくる、という例もありますし、そんなとき、刑事が嬉しそうに対応しているのも幾度も見ました。街で出会ったときなど、お互い手を挙げながら、旧友のように握手したり肩を叩いたり。まして被害者の方ともなれば、こちらは残念ながら私、目撃したことがないのですが、重要事件であればお墓参りをさせてもらったり、お線香を上げさせてもらったり、それこそ茶飲み話がてら往時をふりかえったりする……ということは聞きますし、しなければならないでしょう。また、システム的に、そうした被害者との継続的なコミュニケーションが予定され、タスクとして、組織管理で実行されることもあります。

他方で、目撃者となると、さすがに一期一会のことが多いでしょうが、その特性によっては、次に説明する「能動タイプ」のお客様になっていただくことが、当然あります。なお鑑定人にあっては、その事件というよりは、そのタイプの事件で頻繁にお世話になる方々なので——例えばお医者先生とか、法医学の教授先生とか——その人間関係は、もちろん継続します。というかお願いベースでおつきあいいただかないと、仕事になりません。これは民間の通訳人の方々であっても、同様です。

さて。

市民の方との関係の第二のパターンとして、能動タイプがあります。

これはあたかも、贈収賄の事件をこちらから掘り起こしてゆくように、警察官の側から出撃して、積極的に、交際を求めていくパターン。

いちばんシンプルなのは、聞き込み、情報収集ですね。あるいは交番の警察官がやる家庭訪問（巡回連絡）も、このパターンに入るかも知れません。言葉を選ばなければ、外回りの営業の、訪問販売ならぬ訪問買取りです（お金をお支払いすることは、そうはないでしょうが……）。目的は、もちろん事件捜査であることもあれば、それ以前の情報収集だったり、あるいは、もっと一般的な地域社会の実態把握だったりもします。繰り返し述べたとおり、警察は閉じた社会ですから、基本、待ち受けていても外の世界のことは解りません。懸命に外回りをして、管轄区域（署レベル）なり所管区（交番レベル）なり受持区（交番警察官レベル）なりの情報を、積極的に集めていかなければ商売あがったりです。

この場合、ターゲット／ジャンルをいちおう限定するにしろ、最終的に誰が情報を持っているかは分かりませんから、仕事としては絨毯《じゅうたん》爆撃というか、無差別爆撃になる。これまた、訪問販売と一緒です。そして売上があがったとき――この場合はよい情報が得られたとき、そのお客様が継続的な上客になるか、それとも一期一会となるかについても、一般的な外回りの営業と同じことが言えるでしょう。すなわち、まず個別のミッションのためによい情報を頂戴するのが短期的な実績ですが、その営業活動を通じて、よい顧客、よい畑《ハタケ》を開拓することが望ましい。そうした顧客が、実は個別のミッションだけでなく、もっと一般的にいろいろなことを知っているお客様だとすれば（そう分かったなら）、自分の親しいお友達、自分の代わりにアンテナとなってくれる定点として、積極的に、長期的な交際を求めてゆく。それは長期的な実績か、少なくともその伏線となります。もちろんここで、「もっと一般的にいろいろなことを知っている」というのは、①自分のギルドにとって有益なことをいろいろ知っている、②特定ジャンルの／特定集団の犯罪捜査にとって有益なことをいろいろ知っている、③地域社会の実態についていろいろ知っている、はたまた、④国レベルであれ地元レベルであれ政財官の動きについていろいろ知っている――など、いろいろなパターンがあります。一般の役所・企業でもそうでしょうが、そうしたお客様の声は極めて重要です（組織にとっても、市民にとっても、社会にとっても）。

そうしたお客様は、一期一会の顧客でなく、永続的におつきあい願いたいお友達と位置付けられます。そして、警察署長は警察署長の、各ギルドは各ギルドの、それぞれの利益と関心に基づいて、まあ最近のイメージでいえば「ＬＩＮＥのグループに入ってもらう」「TwitterでいつでもＤＭがやりとりできる関係になる」みたいな感じにします。すなわち、親密性・継続性そして特別性が出てくるわけです。

このＬＩＮＥのグループみたいなものがどう作られるかは、実は警察署長の方針、各ギルドの方針がけっこうバラバラなので、あまり一般論に意味はありません。どちらかといえば署長は地域社会のこと・地元の政財官のことについて知りたいでしょうし、ギルドは特定犯罪・特定集団のことを知りたいでしょうから。また、署長／ギルドという違い以外にも、各ギルドごとに、グループ形成の伝統に違いがあったりします。すなわち、「ＬＩＮＥのお友達は職人各人が別個独立におつきあいすべきネタ元で、それは個人の人脈による財産だから、（たとえギルドが一括管理したくても）組織としてはなかなか手が出せない」……というギルドもあれば、「いやＬＩＮＥのお友達は確かに職人各人が営業活動を通じて得たお友達だけれど、情報は組織の財産なのだから、ギルドが胴元として一括管理すべきだ」……と考えるギルドもあります。個人の功名と才覚を重視するギルドと、集団の統制と団結を重視するギルドの違い、とでもいいましょうか。

そんなこんなで、特別のお友達となった市民の方との交際の仕方についても、警察部内でいろいろなパターンがあります。ただ特別なお友達ともなれば、重要特異な情報を（時に命懸けで）頂戴できるのが一般ですから、その情報に応じて、情報提供謝金が出るでしょう。もちろんそれは正規に予算化された、キチンと役所の手続を踏んでお支払いするお金で、ちなみに会計検査院の統制も受けます。

なお、市民の方との交際パターンには、もっとオフィシャルなものもあります。公安委員会制度についてはもう触れましたが、警察署レベルでは「警察署協議会」、交番レベルでは「交番連絡協議会」というのが必ず設置されていて、公安委員会ほどカッチリした組織ではありませんが、やはり管轄区域／所管区の有識者複数から、様々な意見・要望・苦情を受けることとなっています。そしてカッチリしていないということは、フランクだということ。警察署に怒鳴り込むよりは（怒鳴り込んだ挙げ句ノラリクラリとかわされて、ストレスだけ貯めて帰ってくるよりは）伝手をたどってコスパよく、警察にモノ申すことができるかも知れません。議事などはホームページで公開されるのが一般ですから、ぜひ御覧ください。

（2）記者との関係

親密です。まあよく来ますし、食事をすることも飲むこともあります。

ここで、警察の——というか警察広報の大原則として、「広報の一元化」というものがあります。一元化というほど一元化してはいないのですが、その意味するところは「広報は所属のナンバー2に一本化」ということ。すなわち警察署であれば副署長、警察本部の課であれば次席（次長）が広報対応の責任者です。裏から言えば、新聞・ＴＶなどの記者は、次席・副署長以外と接触をしてはいけません。

まあ、そうはいっても……

右に述べましたが、警察自身、外回りの営業で上客を開拓し、「ＬＩＮＥグループ作っちゃうぞ」みたいな情報収集をしますよね。そうすると、これまた情報収集が飯のタネである記者が、自分のＬＩＮＥグループを作っていないはずがない。それはもちろん、警察官のグループでしょう。警察の情報がとりたいわけですから。そしてもちろん、次席・副署長とは公然と会えるわけですから（執務時間内に、何時でも、ぶらりと勝手に入ってきます。勝手に、というと悪いイメージがありますが、そもそも次席・副署長とは濃密な人間関係がある……なければ仕事にならない……ので、まあ年齢はともかく、御近所の御隠居さんがぶらりと将棋を指しに来た、みたいなノリで、いつのまにか執務室内に入っているのが一般です）。だからそのＬＩＮＥ警察官グループは、次席・副署長以外のメンツによって構成されているはず――ＴＶ報道で、よく怪しげなアフレコの声とともに「捜査関係者の発言」などが流れますが、あれはそうしたお友達が流した情報かも知れません。というのも、次席・副署長からのオフィシャル情報なら「〇〇県警によれば……」「〇〇署によれば……」と断言できますから。

まとめますと、警察としては時に腸《はらわた》が煮えくりかえるほどムカつくことですが（朝刊を見るたび「あっまた抜かれた!!」と激怒する刑事部長とかは、稀ではありません……）、記者は記者で、独自の警察内情報網を確立していますし、そこからオフィシャルでない情報を、とっています。ただもちろん、それは警察には明かしません。警察としては、繰り返し「広報の一元化」を求め、時に次席が「おいコソコソ嗅ぎ回ることすなや!!　ワシは逃げも隠れもせんわい、喋《しゃべ》れることはぜんぶ喋る!!　来るならワシんとこ正々堂々来ればいいやろ!!」といった感じで、気合いを入れる……

もちろん警察は、秘密主義でこんな原則を定めているのではありません。現場の捜査員は、現場の激務に追われ、疲れてもいます。また、それぞれの捜査員は、自分の担当するミッションを果たすだけで、事案の全体像・今後の指揮方針などは知りません。ゆえに、捜査員の活動に支障を来さないこと。捜査員の想像・憶測が報道されるのを防ぐこと――だいたいこのあたりが、「広報の一元化」を求める理由です。そして次席・副署長も、実際、喋れることはぜんぶ喋ります。これは、それがいちばん合理的だからです。喋れることを誠意をもって開示しなければ（誠意、というと合理性とは遠い感じがありますが、実はこの場合、最も合理性と近い概念です。というのも、次席・副署長と記者には濃密な人間関係があるので、「嘘を言っている」「真剣に相手をしていない」というのは、すぐバレるからです。誠意こそ最も低コストな、合理的なツールです）、フラストレーションをもった記者たちが、必ず自分の部下に、どんどん接触を始めるからです。次席・副署長が責任をもって、自分のところでベストな広報をして、部下に記者対応のコストを負担させるのを防ぐ。それは広報対応における、次席・副署長のプライドなのです。

あと。

「広報対応は次席・副署長」とはいっても、記者は執務室内にズカズカ入れる人々ですから、馴染《なじ》みの警察官とはもちろん雑談するでしょう。そもそも、地方の警察記者となると、まあ最初の修行とされていることもあって、比較的若手が多いです（全国紙など。地方紙はややベテランが来たりして、ちょっとニュアンスのある対応が必要です）。そうすると、次席の近くにいる古参の警部とか、庶務係とかが「おっ、また刑事部長怒らせたらしいじゃないか。ウチのショバは荒らすなよ」「なんだ、また太りやがって。よっぽどいいネタ握ってやがるんだな」とか、軽口を叩いてからかったりもします。記者の方も、「バカ言わないでくださいよ、ここと一緒で皆さん口が堅いんですよ〜」「そろそろ一発デカい事件でもやって御栄転でしょ？」とか、まあ普通の社会人どうしのコミュニケーションをとる。そこは、お互い人間ですし、まさか敵同士ではないので。

さらに。

次席・副署長以上とも、けっこう「懇談」「雑談」はします。それは公然と、例えば執務室でします。パターンとしては、次席から聞きたいことを聞いたら、部長に挨拶、課長に挨拶といった感じで、個室に入ってくる。こちらも忙しくなければ、「ああ〇〇チャン御無沙汰。元気？　茶でも飲んでく？」みたいな感じで、ソファに席を移して二、三〇分、話をしたりします。これは、良好な関係を保つという目的もありますし、こちらから情報収集をするという目的もあります。とりわけ「後ろ暗い」とき……実は2週間後に大規模な強制捜査を控えているといったときは、こちらから情報収集をするというか、感触をとらなければなりません。すなわち「気付いているかいないか」「裏をとりに来たのか雑談か」。そうした探り合いはもちろん次席もしますが、チェックする目は多い方がいいわけで、こちらもノラリクラリと時候の挨拶だの最近の運営重点だのこんとこ何で忙しいかだのを喋りながら、「うん、どうやらこの社は本当に知らないようだ」「おっと、話題展開からして何か察知していることは間違いないぞ」といった心証を、とっていくわけです。ここらへんは、まあお互い様の腹の探り合い。

そうした探り合いは、いわゆる「夜討ち」でも行われます。

都道府県警察だと、よほどのことがなければ、上級幹部が官舎などに帰宅するのはそんなに遅くなりません。私の平均値でいえば、夜8時前後です（事案があれば徹夜徹夜です）。冬場なんかは、もう真っ暗な時刻ですよね。そして私が官舎への道を歩いていて、もうじき家の門、というタイミングで、家の前の樹の脇に溶け込んでいた記者が出現。要は帰宅を待ち受け、張り込んでいるわけです。そうなると、御近所の手前、話題の手前、また気候によっては気の毒だということもあって、官舎に上げて、ささやかな酒席の準備をすることになる。飲む。その時間は長短ありますが……真剣勝負のケースでいえば、まあ2時間くらいは純然たる雑談です。そしてほろ酔い加減、ちょっと安心した頃合いで、いきなり短刀ズブリ――「例の〇〇〇の事件、もう着手ですよね？」。ここで顔色を変えたら一本負け、勝負あり。

夜討ちというのは、そんな感じです。

もっとも、大人気なのは大規模知能犯を狙う捜査二課で、捜査二課長への夜討ちなど、樹の陰に2人3人いたりします（もはや隠れていない）。しかも連日連夜。そこへ二課長以外の幹部が通り掛かって「おやこんばんは。寒いのにいつも大変だね。どう、ウチで一杯？」とか水をむけても「いえ二課長に用事なんで」としれっと断られるほど、二課長は記者に大人気です。奥さんは大変です。

そうした仕事関係以外でも（記者にとっては全て仕事でしょうが）、まあ普通の意味での「友人」になりますので、もちろん飲みに行ったりします。そうなると、お互いただの人間。人間として、家族の話、出身地の話、趣味の話、会社の話をする……そうした中で、お互いのキャラクタが解ってくると、まさか邪険にはできません。これまた、秘密以外のこと、喋れることは、キチンと自分のレベルで説明しておこう、という気になります。もちろん記者の側も、次席・副署長以上を値踏みます――「すごい人だ」と人格的に感銘を受けることもあれば、「コイツはバカだ、オイコラ副署長だ」と見切りをつけることもあるでしょう。しかしもちろん、記者と良好な関係を築いておくことは、上級幹部としては死活的に重要です。

なんとなれば。

例えば最悪のケースにおいては（先の、着手情報が抜けていたなど）「頼むから書かないでくれ」「もう少し待ってくれ」「言えるようになったら真っ先にすぐさま直ちに言うんで今は止めてくれ」という、ネゴが必要になるからです。記者からすれば、他社に先んじてゲットした太いネタ。どこよりも先に書きたい。警察からすれば、着手前に事件情報が報道されるなど最大級の不祥事です。被疑者逃げますから。もちろん罪証隠滅した上で。ゆえに警察としては、「被疑者逃がして事件つぶして、誰が得するんだ。市民にとっても大損だ、そんな報道は社会にとって意味がない」と考えますが……しかし記者はそれで飯を食ってますし、家族もあれば将来もある。よしんば記者本人がネゴに応じたとして、記者の上《ウエ》がどう考えるかは未知数。もちろん法律論としても、公権力が報道の事前規制をすることは権限としてできませんし、すべきでもないでしょう。だからネゴになる。そのとき、モノを言うのはやはり日頃からの人間関係なのです。

また、そこまで死活的でなくとも、上級幹部となるとプレス・リリースの機会がままあります。そのとき、日頃「遊びに」来ている記者たちと、あの記者会見の雰囲気で、改めて／オフィシャルに接することになる。まあ見知った、馴染《なじ》みの顔がほとんどですが、いわば舞台設定がガラリと変わる。そしてこちらも、まさか茶飲み話はしない。

例えば「保安課長でございます。定刻になりましたので、本日未明に着手しました被疑者誰某《だれぼう》に係る風営法違反被疑事件について御説明いたします。被疑者、誰某。罪名、何々。事案の概要、平成二九年某月某日ごろ……」とかやっていく。このとき、着手段階ではまだ不確定で、言えないことが当然ある。また、被疑者・被害者のプライバシーを考えたとき、あるいは捜査手法などの手の内を考えたとき、言えないことも当然ある。すなわち「ここまでは言える」「これは死んでも喋らない」というラインがある。

さてそこで。

普段から記者との人間関係があると、だいたい「誰がどう出てくるか」は予想が立てられますので、いきなり短刀ズブリ、ぽろっと失言、ということは避けられます。また、そうした普段からの人間関係がマトモなら、まさか詰問調にはならない。

要は、コミュニケーションの雰囲気と質がよくなる。

馴れ合いはいけませんが、重ねて、親の仇《かたき》同士ではないのです。罵声が飛び交う査問会よりは、フランクで率直なぶっちゃけトーク（に限りなく近いもの……全部ぶっちゃけることはできませんから）の方が、双方にとっておトクで合理的でしょう。そうすると記者の方も後日、今度は執務室の茶飲み話で、例えば「いやあ、さすがに普段からベラベラベラベラまくしたててるだけあって、喋り上手いですねえ」「あれ部長のデビュー戦だったんで、みんな手ぐすね引いて待ってたんですが」みたいな感じで、「感想戦」に来たりします。もちろんそれは、「そろそろ捜査も中盤戦だし、いい追加情報、流してくれてもいいだろ？」という、新たな局面の始まりでもあるのですが。

そんなこんなで――

記者と次席・副署長、あるいはそれ以上は、時にバケバケ騙《だま》し合いをしながら、時に「年齢的には親子」「社会人としては先輩・後輩」といった形で人格的に対峙しながら、時に酒を酌み交わしながら、時に真剣な対決をしながら、濃密な人間関係を作ってゆきます。もっともそれは地元記者の話で、本社等からの「外人部隊」の記者については、また全然違った関係性があるのですが、それは機会を改めたいと思います。

あとがき

私は、警察という会社に、それなりの期間、勤めてきました。5年10年ではありません。まったくの新生児が、第二外国語を遣えるようになるほどの期間です。

そのあいだ、任期の長短こそあれ、交番・警察署・警察本部・警察庁と、警察のあらゆる職場を経験させていただきました（果ては海外、警察大学校までも）。同様に、任期の長短こそあれ、様々な専門分野に配属されてきました。

かえりみると、主たる専門分野といえるのは、生活安全部門と警備部門です。けれど、交番の管理部門とか、あるいは会計の特定分野の専門屋でもありましたし、駆け出しはキャリアとしてはめずらしく、強行犯刑事。退官するあたりでは、刑訴法などを教えてもいました。すると、生安、警備、地域、総警務、刑事……と、ひととおりのことはさせていただいたことになります。結果、私がまったく知らないのは、交通部門だけ。交通警察だけは、経験がありません。だから私は、交通については、語る資格を持ちません。

裏から言えば。

それ以外の警察行政については、「まあ、ある程度は」理論と実務と経験を、語ることができます。もちろん「ある程度」ですが……

それはそうです。

現役警察官であろうと、警察OBであろうと。いいえ、たとえ警察庁長官であろうと、警視総監であろうと。この三〇万人規模の組織を「ある程度」以上に語ることは、不可能だからです。それだけ警察組織は巨大で、警察行政は複雑多岐にわたります。

ある警察官なり警察OBなりが語れるのは、自分の職歴がはぐくんだ視野と知見に基づく、「警察の断片」に過ぎません。理論上も実際上も、そうならざるをえません。だから、特定の警察コメンテーターのような、「警察のことなら何でも解る」顔をしている輩は、少なくとも破廉恥だし、私に言わせれば詐欺師です。

そして私は、破廉恥にも詐欺師にも、なりたくはありません。

よって、新潮新書編集部の担当さんに、このような限界を正直にお話ししながら、また、私が語れること・語れないことを率直にお伝えしながら、この本はできました。

そのうち、事実関係を述べている箇所は、かつての実務者の誇りに懸けて、正確さを期したつもりです。つまり私が知っていて、私が語ることのできる客観情報については、可能なかぎり、正確なものをお伝えするようにしました。

ところが、そうした事実関係をまとめていると、それが記憶のトリガーとなり、職業上の経験論・体験談が、次から次へと浮かんできます。それらは、客観的な事実関係ではないので、真実であることを担保するため、可能なかぎり、具体的かつ詳細なものとしました。

今、私はミステリ作家ですが、この新書では、フィクションを用いていません。用いる必要がありません。

正直、語ることができるものだけでも「ネタには事欠かない」からです。実は、担当さんのオーダー枚数を、大幅に超過してしまったほど……

結果、この本は著者稿（著者がパソコンで打ち終えたときの原稿）の二〇％ないし三三％を、ダイエットで削ぎ落としたものとなりました。要は、それだけ割愛したネタがあります。もちろんそれは「私が語ることができるもの」ですので（秘密でも何でもないので）、いつかまた、お話をすることがあるでしょう。


あと、担当さんと打ち合わせを重ねて解ったのは、「コミュニケーション・ギャップ」です。すなわち、私はナカにいすぎたので、ソトの人が不思議に思うこと、疑問に思うこと、興味関心をいだくことが、必ずしも解らないのです。もっといえば、「警察の何をお話しすれば、読者の方によろこんでいただけるのか、必ずしもピンとこない」。

ですので、この本をお読みいただいたあと、さらに御疑問・御興味が深まりましたら、御遠慮なくお伝えいただければと思います。知らないことは知らないと正直に申しますし、喋れないことは喋れないと率直に謝りますし――

そうでなければ、よろこんでお話しします。

それでは、またお会いできることを祈念しつつ。

古野まほろ　東大法卒、リヨン第3大法修士課程修了。学位授与機構より学士（文学）。警察庁I種警察官として警察署・警察本部・海外・警察庁等に勤務。警察大主任教授にて退官。法学書等多数。

Ⓢ新潮新書

707

警察手帳《けいさつてちょう》

著　者　古野《ふるの》まほろ

2017年3月20日　発行
2017年4月10日　3刷

発行者　佐藤隆信
発行所　株式会社新潮社
〒162-8711　東京都新宿区矢来町71番地
編集部(03)3266-5430　読者係(03)3266-5111
http://www.shinchosha.co.jp

印刷所　錦明印刷株式会社
製本所　錦明印刷株式会社

ISBN978-4-10-610707-8　C0236

価格はカバーに表示してあります。